台湾中国語入門
―カンタン楽しく覚える台灣國語―

佐納康治　著

開成出版

はじめに

　2011年3月11日に東日本大震災が発生しました。このとき、台湾はどの国よりも多い200億円以上もの義捐金を我が国に贈ってくれました。このことに対し、私は感謝と感銘の念を禁じ得ません。このように世界で最も親日的な国の一つである台湾をもっと知りたい、もっと友好を深めたいという気持ちから本書を執筆しました。

　日本では中華人民共和国（以下、中国）の中国語を学習するのが一般的です。語学学校や大学の中国語の講義などでは、中国の中国語を習います。本書は中国語ゼロから解説しているわけではありませんので、中国の標準中国語、すなわち「普通话」を習ったことのある人を対象として書かれています。

　台湾での標準中国語は、「國語」と呼ばれています。多くの日本人中国語学習者が、台湾の國語は字体が繁体字である点を除けば、基本的には中国の普通话と何ら変わらないと誤解しています。実際、過去の私もそのように考えていました。

　しかし、何度も台湾に渡航するにつれ、そして台湾國語に触れるにつれ、中国の普通话との違いに気付くようになってきました。発音はもちろんのこと、基本語彙、さらには文法の一部さえも異なることが分かってきました。

　例えば、日本人旅行者が台湾を訪れ、「こんばんは。私は中国で少し中国語を勉強したことがあります」と中国語で台湾人に話しかける場面を考えてみましょう。中国で中国語を勉強した人ならきっと、「晚上好。我在中国学过一点儿汉语。」と言うことでしょう。しかし、台湾での言い方は「晚安。我在大陸學過一點國語。」となります。もちろん、大の親日国の台湾ですから、日本人旅行者が中国の普通话で話しかけても台湾人は笑

顔で応じてくれます。でも、それだからこそ、こちらもできるだけ台湾では台湾の國語で話しかけたいものです。それがお互いの友好を深めることにつながるでしょう。

　台湾國語を学習するに当たって、最大の問題は教材ならびに辞書が少ないことです。特に辞書は、台湾で「國語字典」として売られているものを購入しても実際の役に立ちません。なぜなら、台湾では戦前に中華民国が中国大陸にあった時代に制定された標準語を現在でも建前上、頑なに死守しているためです。そのため、辞書に記されている古い語彙や発音と、実際に現在の台湾で通用している語彙や発音との間に、相当の乖離が生じています。

　本書は、私が何度も台湾に足を運び、台湾人の話す言葉や発音、看板の文字などを何度も調べ、台湾人にも何度も尋ねた結果をまとめたものです。

　私の場合は、一見するとほとんど同じに思える台湾國語と中国普通話が、勉強すればするほどその違いが見えてきてだんだん面白くなってきました。

　一人でも多くの日本人観光客に台湾國語を話してもらいたいと願っています。この本が日本と台湾の友好の架け橋の一助となることを願います。

　末筆となりましたが、本書発刊のための研究には、学校法人朝日大学宮田奨励金、学校法人朝日大学経営学部助成金の援助をいただきました。学校法人朝日大学学長大友克之先生、学校法人朝日大学前理事長宮田侑先生、学校法人朝日大学理事長宮田淳先生、学校法人朝日大学経営学部長岩崎大介先生を始めとする諸先生方にこの場をお借りしてお礼申し上げます。

著者

目　次

はじめに	3	16. コンビニ	55
1. 発　音	6	17. パソコン	58
2. 挨　拶	9	18. 病　気	61
3. 自己紹介	12	19. おみやげ	64
4. 中華料理	15	20. 口語的表現	67
5. 日本料理	18	21. 食　材	71
6. 果　物	22	22. おやつ類	73
7. 空　港	26	23. 生活用品	75
8. 飛行機	29	24. 中国と異なる読みの漢字	76
9. 鉄　道	33	25. 中国と異なる語彙	78
10. 市バス、地下鉄	36	26. 中国と異なる文法事項	85
11. 新幹線	40	27. 日本語からの外来語	107
12. 長距離バス	43	28. 注音字母	109
13. ホテル	46	29. 注音入力法	112
14. 観　光	49	30. 簡単な台語	127
15. 夜　市	52	おわりに	129

1. 発　　音

　台湾で話されている「國語」も中国北方方言を基礎としたものですが、台湾独特の訛りがあります。これは、中国南部地域の人々が「普通话」を話すときの訛りに似た部分もありますが、台湾特有の発音傾向もあります。

　台湾では特に台北の発音を標準とするわけではなく、地域差よりもむしろ世代や家庭環境の違いなどによって発音の仕方が異なっています。日本語教育を受けた高齢者の國語は我々日本人の話す中国語のようであったり、中年世代の人は典型的な台湾訛りの國語を話したりします。そして、若い世代の人たちは教育の影響もあり、比較的正確な発音をする人も多くなってきました。また、両親ともに外省人の家庭に育った人の中には、中国の普通话に近い発音の人も見かけます。

　中国の発音、特に北方の発音に慣れた方は、最初は台湾の國語が聞き取りにくいかもしれません。以下に台湾國語の典型的な発音の傾向を示しますので、聞き取りの参考にしてください。

■ 中国のように口の奥にこもっては発音せず、口の中の手前のほうで明瞭に発音します。

■ sh音はs音に、zh音はz音に、ch音はc音に変化する傾向があります。逆に、s音がsh音に、z音がzh音に、c音がch音に交替してしまう場合もあります。

■ sh音、zh音、ch音、r音ともに、中国ほどは舌を巻きません。ごく軽く舌を巻くだけです。

■ ごく一部の単語を除き、単語の末尾はr化しません。単語の

末尾にziを付けることはよくあります。例えば、中国のように車を「車兒」と言うことはありません。台湾では「車子」が使われます。子供も同じです。「小孩兒」とは言わず、「小孩子」が用いられます。
- 軽声も一部の単語を除いて、ほとんど使われることはありません。「東西」はdōngxī、「便宜」はpiányíなどと、きちんと声調通りに発音されます。必ず軽声が用いられるのは、「這麼」の「麼」、「我們」の「們」などごく少数の単語のみです。
- ü音がüiと発音され、かつü音が極めて弱いため、往々にしてi音のように聞こえます。慣れてくると区別できるようになります。慣れない人には、「去旅行」はまるでqìlǐxíngのように聞こえます。
- f音が往々にしてhu音に変わります。「非法」をhuīhuǎと発音する人がかなりいます。「發生」はhuāsēngとなって、「花生」かと思ってしまいます。
- n音がしばしばl音に交替します。「台南」をtáilán、「男人」をlánrénと発音する人がかなりいます。
- [ə]と発音されるe音が[e]や[o]になったりします。「更」はgèng(ケン)、「各位旅客」はgòweìlǐkòとなります。
- ui音が中国の[uei]ではなく、しばしば[oi]と発音されます。「汽水」はqìsǒiのように聞こえます。
- 中国に比べて、1声のトーンが少し低く発音されます。2声の最終部のトーンも少し低くなります。ただし、4声の開始部分のトーンは中国とほぼ同じです。台湾人の話す中国語が、中国の人の話す中国語ほどかん高く聞こえないのはそのせいです。

- 軽声のトーンの位置が中国と異なる場合があります。「聽得懂」の「得」の軽声は、中国よりも低く発音されます。「得」を軽声化せず、tīngdédǒng と発音することもよくあります。「划不來」も huábùlái と発音されます。
- 逆に軽声で始まる単語(主として呼称)も存在します。「爸爸」「媽媽」は通常、babá、mamá などと発音されます。そのため、「拔拔」「麻麻」などの当て字が使われることすらあります。
- そもそも、漢字の標準発音が中国とは異なっている場合も多数あります。　☞ 第24課参照

2. 挨　　拶

A：早安,小隆!
　　Zǎo ān, xiǎo lóng.

B：早安,阿玲!
　　Zǎo ān, ā líng.

A：你要去哪裡?
　　Nǐ yào qù nǎlǐ?

B：去上班啊。
　　Qù shàngbān a.

A：禮拜天也要上班嗎?
　　Lǐbàitiān yě yào shàngbān ma?

B：是啊,最近工作忙得要命。
　　Shì a, zuìjìn gōngzuò mángde yàomìng.

A：上班族真辛苦。
　　Shàngbānzú zhēn xīnkǔ.

B：就是呀。
　　Jiùshì ya.

《訳》

A：おはよう、隆さん。

B：おはよう、玲さん。

A：どこ行くの。

B：仕事ですよ。

A：日曜なのに出勤?

B：そうなの。最近すごく忙しくて。
A：サラリーマンとかOLはつらいね。
B：本当よね。

《語句注釈》

早安--------おはよう（中国では早上好）。同様に午安、晩安もある。中国でも早安と晩安はたまに使われるが、午安は中国では使われないので注意（中午好という言い方はある）。逆に台湾では早上好、晩上好は一切使われない。

小〜--------親しみをこめた呼称である点は中国と同じであるが、姓ではなく名前に付けることが多い。

阿〜--------同じく親しみをこめた呼称であり名前に付ける。姓には付けない。台湾では小〜より阿〜を用いることが圧倒的に多い。

禮拜天------日曜日の意であるが、中国では礼拜〜よりも星期〜の方が優勢であるのに対し、台湾では両者互角の印象を受ける。また、星期を用いる場合は台湾では「期」の字が2声であるため、xīngqí と読まれることにも注意。なお、禮拜日ももちろん可。

上班族------サラリーマンやOLのこと。昔は台湾固有の言い方であったが、最近は中国でも使われ始めている。

親日国台湾では日本語の店名にすると良く売れるので、街中には日本語の看板があふれています。

台湾の街角風景。「京都豚骨拉麺」の文字が見えますね。やはり何でも日本と結びつけると良く売れるようです。

3. 自己紹介

A：大家午安。今天想跟大家介紹一下一位日本朋友。
　　Dàjiā wǔ'ān. Jīntiān xiǎng gēn dàjiā jièshào yíxià yí wèi Rìběn péngyǒu.

B：敝姓山田純一。初次見面，請多多關照。
　　Bìxìng Shāntián Chúnyī. Chūcì jiànmiàn, qǐng duōduō guānzhào.

C：山田先生，您好。非常歡迎蒞臨台灣！
　　Shāntián xiānshēng, nínhǎo. Fēicháng huānyíng lìlín Táiwān.

B：謝謝。我也很高興認識大家。
　　Xièxiè. Wǒ yě hěn gāoxìng rènshì dàjiā.

D：山田先生請問一下，您住在日本哪個地方，做什麼工作？
　　Shāntián xiānshēng qǐng wèn yíxià, nín zhùzài Rìběn nǎge dìfāng, zuò shénme gōngzuò?

B：我住在京都，職業是銀行員工。
　　Wǒ zhùzài Jīngdū, zhíyè shì yínháng yuángōng.

C：那，您興趣呢？
　　Nà, nín xìngqù ne?

B：我興趣是聽音樂，嚐嚐美食…嗯，還有學中文吧。
　　Wǒ xìngqù shì tīng yīnyuè, chángcháng měishí...ng, hái yǒu xué zhōngwén ba.

A：難怪，山田桑國語講得這麼好！
　　Nánguài, Yamada-sāng guóyǔ jiǎngde zhème hǎo.

《訳》

A：皆さんこんにちは。今日は日本のお客様を紹介します。
B：山田純一と申します。はじめまして。どうぞよろしく。
C：山田さん、こんにちは。ようこそ台湾にいらっしゃいました。
B：ありがとうございます。私も皆様とお知り合いになれて嬉しく思います。
D：山田さん、日本のどちらにお住まいで、どんな仕事をなさっておられるかお聞きしてよろしいですか。
B：私は京都に住んでおります。銀行員をしています。
C：趣味は何ですか。
B：音楽を聴いたり、おいしいものを食べたり…。えーっと、それから中国語を勉強することです。
A：道理で山田さんは中国語がこんなに上手なんですね。

《語句注釈》

敝姓〜-------〜と申します。

非常歡迎----中国のように热烈欢迎と言うことは余りない。

蒞臨〜-------〜にいらっしゃいまして。台湾人はあらたまった言い方として蒞臨をよく使う。

員工--------職員、従業員、店員などの意で広く使われる。中国では員工の意味は比較的狭く、服务员が多用されるが、台湾の員工は中国の服务员とほぼ同義で、非常に幅広く使われる。

興趣--------趣味（中国では愛好）。台湾ではあまり愛好とは言わない。

難怪--------道理で。中国では怪不得をよく使うが、台湾では難怪が主流である。

〜桑--------日本人の名前を親しみをこめて呼ぶときに使う。日本語の「〜さん」の音訳。

國語--------標準中国語（中国では普通话）。これ以外に中文、華語なども使われる。なお、汉语という言い方は台湾にはない。また、台湾固有の方言（福建語の系統）は台語と呼ばれるのが普通であるが、台湾には客家人も住んでいる。客家人の言葉は福建語とはまた別の系統であり、客家話と呼ばれる。また客家人は台語をホーロー語（福佬語、河洛話などの当て字を使うこともある）と呼ぶ。さらに外省人の中には閩南話と呼ぶ人もいて状況は複雑である。

仏教徒の多い台湾には、各地にお寺やお廟があります。

4. 中華料理

A：台灣吃的東西真豐富啊。
　　Táiwān chī de tōngxī zhēn fēngfù a.

B：是啊。因為位於亞熱帶，所以米，蔬菜，水果等的農產品都長得很快，而且四面都是靠海，海鮮也豐富。
　　Shì a. Yīnwèi wèiyú yàrèdài, suǒyǐ mǐ, shūcài, shuǐguǒ děng de nóngchánpǐn dōu zhǎngde hěn kuài, ěrqiě sìmiàn dōu shì kàohǎi, hǎixiān yě fēngfù.

A：好棒啊！我要去吃看看，好不好？
　　Hǎo bàng a! Wǒ yào qù chī kànkàn, hǎo bù hǎo?

B：當然可以啊。從夜市的攤子到街頭的小吃店，自助餐，速食餐，一般餐廳，吃到飽，頂級餐廳等什麼都有。你要去哪一種？
　　Dāngrán kěyǐ a. Cóng yèshì de tānzi dào jiētóu de xiǎochīdiàn, zìzhùcān, sùshícān, yìbān cāntīng, chīdàobǎo, dǐngjí cāntīng děng shénme dōu yǒu. Nǐ yào qù nǎ yìzhǒng?

A：來台灣一定要吃虱目魚啦。
　　Lái Táiwān yídìng yào chī shīmùyǔ la.

B：為什麼呢？虱目魚是家常料理，何必特意去吃呢？
　　Wèishénme ne? Shīmùyǔ shì jiācháng liàolǐ, hébì tèyì qù chī ne?

A：因為日本沒有吃虱目魚的習慣，我比較好奇而已啊。
　　Yīnwèi Rìběn méiyǒu chī shīmùyǔ de xíguàn, wǒ bǐjiào hàoqí éryǐ a.

《訳》

A：台湾は食べ物が豊富ですね。

B：そうですね。亜熱帯ですからお米、野菜、果物などの農産

物の成長が早いですし、周囲を海に囲まれていますから海産物も豊富です。
A：いいですね。私も食べてみたいです。
B：もちろんOKです。ナイトマーケットの屋台から街の小さい食堂、セルフの店、ファーストフード、普通のレストラン、食べ放題、高級レストランまで何でもありますよ。どれがいいですか。
A：台湾に来たからには、絶対サバヒーを食べてみたいです。
B：えっ、なぜ？サバヒーなんてごく普通の魚ですよ。どうしてわざわざサバヒーなんか食べに行きたいんですか。
A：だって日本にはサバヒーを食べる習慣がないから、ちょっとした興味ですよ。

《語句注釈》

東西--------「物」という意味で使われる場合でも、中国と違って第二音節は軽声化せずに tōngxī と発音する。

亞熱帶------台湾では「亞」の字は yǎ と3声となる。「亞洲」なども同様。

夜市--------ナイトマーケット。台湾のどんな小さな町にも必ずあって非常に活気がある。日本の夜店と違って毎日営業していることが多い。

自助餐------セルフの食堂。学生街に多く、自分でプラスチックトレーにおかずを取って、重さにより料金を支払う。ほとんどのところではスープが飲み放題である。

速食餐------ファーストフード店（中国では快餐）。マクドナ

ルドやケンタッキーなど。一方、同発音の「素食餐」はベジタリアン料理店で、これも健康に良いとか敬虔な仏教徒が多いことなどから割合人気がある。また、ファーストフード店によくあるドライブスルーは「得來速」という。

吃到飽------食べ放題（中国では无限供应、自助餐）。
虱目魚------台湾でよく食べられているサバヒーという魚。

台湾ではポピュラーな魚、虱目魚（サバヒー）。

ドライブスルーの看板。

5. 日本料理

A：台灣有很多日本料理店嗎？
Táiwān yǒu hěn duō Rìběn liàolǐdiàn ma?

B：有很多啊。壽司，沙西米都配著醬油和哇沙米一起吃真的好吃。
Yǒu hěn duō a. Shòusī, shāxīmǐ dōu pèizhe jiàngyóu hàn wāshāmǐ yìqǐ chī zhēnde hǎochī.

A：你說的是握壽司吧。
Nǐ shuō de shì wòshòusī ba.

B：是啊。可是海苔卷也有。對了，手捲壽司和散壽司也很有名。
Shì a. Kěshì hǎitáijuǎn yě yǒu. Duìle, shǒujuǎn shòusī hàn sànshòusī yě hěn yǒumíng.

A：還有什麼日本料理？
Hái yǒu shénme Rìběn liàolǐ?

B：日式豬排，壽喜燒很有人氣啊。烏龍麵也到處都吃得到。去便利商店就有關東煮和御飯糰，日式牛肉蓋飯的連鎖店也很多。可是台灣的甜不辣不大像日本的天麩羅。
Rìshì zhūpái, shòuxǐshāo hěn yǒu rénqì a. Wūlóngmiàn yě dàochù dōu chīdedào. Qù biànlì shāngdiàn jiù yǒu guāndōngzhǔ hàn yùfàntuán, Rìshì niúròu gàifàn de liánsuǒdiàn yě hěn duō. Kěshì Táiwān de tiánbúlà búdà xiàng Rìběn de tiānfūluó.

《訳》

A：台湾には日本料理店は多いですか。

B：多いですね。お寿司とかお刺身とかをわさび醬油で食べる

のは最高ですね。
A：握り寿司のことですね。
B：そうです。でも巻き寿司もありますよ。そうそう、手巻き寿司や散し寿司も有名ですね。
A：他にはどんな和食がありますか。
B：トンカツやすき焼きは人気がありますね。うどんもあります。コンビニに行けばおでんとおにぎりがありますし、牛丼のチェーン店も多いです。でも、台湾の甜不辣は日本の天ぷらとは全然違います。

《語句注釈》

沙西米------刺身の当て字。日本統治時代に定着した言葉であり、生魚片と言わなくても「サシミ」でどこでも通じる。

和----------「と」という意味を表す場合、國語での正式発音は hàn である。年配層の人たちは必ず hàn と発音している。ただし若年層の人たちは中国と同じく hé を使う傾向にある。また、「穏やか」の意味で使う場合は必ず hé と発音され、hàn とはならない（温和、和平など）。さらに、暖和の場合は nuǎn-huó となる（辞書では huó は軽声となっているが、実際には2声で発音される）。

哇沙米------ワサビの当て字。これも日本統治時代に定着した言葉である。末尾の「米」の字だけ台語読みして wāshābǐ ということも多い。もちろん山葵でも通じる。「サシミ」や「ワサビ」以外にも「オシボ

リ（オシモリのように聞こえる）」などもどこでも通じる。

握壽司------握り寿司。

海苔卷------巻き寿司、特に太巻。細巻は海苔捲と手偏が付くことが多い。ちなみに、シート状になった海苔、特に味付け海苔は「海苔」、中華スープなどに入れる海苔は中国と同じく「紫菜」と言って区別する（中国ではすべて「紫菜」）。

手捲壽司----手巻き寿司。一度台湾の日本料理店で手巻き寿司を注文したら、米でなくジャガイモに巻いてあったのには驚いた。

日式豬排----トンカツ。トンカツ店もあちこちにある。

人氣--------人気。台湾では「人気がある」は有人氣で通じる。似た例に「元気がある」がある。有元氣がごく普通に使われる。もちろん中国同様、それぞれ受歡迎、有精神と言っても良い。

烏龍麵------うどん。「烏龍」はうどんの音訳。

關東煮------おでん。関西弁のカントダキから。

御飯糰------おにぎり。これもポピュラー。

牛肉蓋飯----牛丼。正式には日式牛肉蓋飯であるが、日本語と同じ牛丼（niúdǎn）でも通じる。

連鎖店------チェーン店。

甜不辣------日本語の天麩羅の音訳であるが、中身はいわゆる天麩羅ではなく、さつま揚げのような台湾料理である。九州ではさつま揚げをてんぷらとも称することから由来したという説が最も有力である。

台湾のトンカツ店。

台湾の学生街には自助餐がたくさんあります。自分で好きなおかずをトレーに取り、重量で料金を払います。スープは飲み放題です。

6. 果　　物

A：台灣真是寶島，好吃的水果這麼多。
Táiwān zhēn shì bǎodǎo, hǎochī de shuǐguǒ zhème duō.

B：是啊。台灣有名的水果有香蕉，鳳梨，橘子，柳丁，蘋果，檸檬，西瓜，葡萄，芭樂，楊桃，芒果，木瓜，蓮霧，柚子，梨子，百香果，火龍果等等。台東的特產水果是釋迦。
Shì a. Táiwān yǒumíng de shuǐguǒ yǒu xiāngjiāo, fènglí, júzi, liǔdīng, píngguǒ, níngméng, xīguā, púdáo, bālè, yángtáo, mángguǒ, mùguā, liánwù, yòuzi, lízi, bǎixiāngguǒ, huǒlóngguǒ děngděng. Táidōng de tèchǎn shuǐguǒ shì shìjiā.

A：哇，好棒喔！有這麼多種好吃的水果，好羨慕喔。可是為什麼台灣人還那麼愛吃日本的水蜜桃呢？
Wā, hǎo bàng wo! Yǒu zhème duōzhǒng hǎochī de shuǐguǒ, hǎo xiànmù wo. Kěshì wèishénme Táiwānrén hái nàme ài chī Rìběn de shuǐmìtáo ne?

B：因為日本的水蜜桃又大又甜，而且水分又多，吃起來口感很好，一級棒喔。
Yīnwèi Rìběn de shuǐmìtáo yòu dà yòu tián, érqiě shuǐfèn yòu duō, chīqǐlái kǒugǎn hěnhǎo, yījíbàng wo.

A：是嗎？你們還有其他進口的水果嗎？
Shìma? Nǐmen hái yǒu qítā jìnkǒu de shuǐguǒ ma?

B：有紐西蘭的奇異果，美國來的葡萄柚等等。
Yǒu niǔxīlán de qíyìguǒ, měiguó lái de púdáoyòu děngděng.

《訳》

A：台湾は本当に宝の島ですね。おいしい果物がこんなにいっぱい。

B：そうですよ。台湾の有名な果物としてはバナナ、パイナップル、オレンジ、みかん、りんご、レモン、スイカ、ぶどう、グアバ、スターフルーツ、マンゴー、パパイヤ、レンブ（ジャワフトモモ）、ザボン（文旦）、梨、パッションフルーツ、ドラゴンフルーツなどがありますよ。台東の特産品はバンレイシです。

A：わー、いいですね！こんなにたくさんの果物があるなんてとても羨ましいですね。それなのに、どうして台湾人はそんなに日本の桃を食べたがるのですか。

B：だって、日本の桃は大きくて甘いし、みずみずしくて食べたときの食感もすばらしいですから。

A：そうですか。他に、外国からの輸入果物はありますか。

B：ニュージーランド産のキウイとか、アメリカ産のグレープフルーツとかがありますね。

《語句注釈》

寶島--------台湾のことをよく寶島とか美麗島とか例える。

鳳梨--------パイナップル（中国では菠蘿）。

橘子--------みかん。

柳丁--------オレンジ。台湾人は橘子と柳丁とは全く違う果物であると考える。橘子よりも黄色味が強く、皮がつるつるしており、主にジュースにする。台湾ではオレンジジュースは柳丁汁と書かれている（中

国では橘子水)。
芭樂--------グアバ（中国では番石榴）の一種であるが、日本に輸入されている中南米産のグアバとは少し異なる。発音はbālèであるが、実際には台語の影響でbǎlèと発音する人が多い。塩を振りかけて食べる。
楊桃--------スターフルーツ。
蓮霧--------レンブ。台湾でよく食べられている果物。ヘタと先端の部分は食べずに必ず残す。
柚子--------ザボン、文旦などの大型の柑橘類を指す。日本の柚子とは全く異なる。
百香果------パッションフルーツ。
火龍果------ドラゴンフルーツ。
釋迦--------バンレイシ。釋迦果とも言う。驚くほど甘い。
水蜜桃------桃。台湾人は日本の桃がものすごく好きである。
一級棒------日本語の「一番」の音訳。ただし、とても良いという意で使うことが多く、必ずしも一番を意味するわけではない。
紐西蘭------ニュージーランド（中国では新西兰）。
奇異果------キウイ。
葡萄柚------グレープフルーツ。

橘子(左)と柳丁(右)。台湾人は橘子と柳丁とを全く別種の果物と考えています。

台東特産の釋迦果(バンレイシ)。非常に甘く、かつ、持ち上げると崩れるほどに柔らかい。

7. 空　　港

A：先生，這是往桃園機場的接駁車嗎？
Xiānshēng, zhè shì wǎng táoyuán jīchǎng de jiēbóchē ma?

B：是啊。一航或二航？
Shì a. Yīháng huò èrháng?

A：嗯，我不清楚。我們是坐國泰航空的。
Ng, wǒ bùqīngchǔ. Wǒmen shì zuò guótài hángkōng de.

B：知道了。那，請在第一航廈下車。
Zhīdào le. Nà, qǐng zài dìyī hángxià xiàchē.

C（報到櫃檯小姐）：您好。請出示護照和電子機票。
(Bàodào guìtái xiǎojiě) Nínhǎo. Qǐng chūshì hùzhào hàn diànzǐ jīpiào.

A：請。
Qǐng.

C：到香港嗎？有託運行李嗎？
Dào Xiānggǎng ma? Yǒu tuōyùn xínglǐ ma?

A：有兩件。
Yǒu liǎng jiàn.

C：好的。現在靠窗邊的位子都沒有，所以給您靠通道的位子好嗎？
Hǎo de. Xiànzài kào chuānbiān de wèizi dōu méiyǒu, suǒyǐ gěi nín kào tōngdào de wèizi hǎo ma?

A：當然可以。
Dāngrán kěyǐ.

C：這是您的登機證。時間有點趕，請立刻接受安全檢查

和出境手續,到 A5 登機門登機。
Zhè shì nín de dēngjīzhèng. Shíjiān yǒudiǎn gǎn, qǐng líkè jiēshòu ānquán jiǎnchá hàn chūjìng shǒuxù, dào A5 dēngjīmén dēngjī.

《訳》

A:すみません、これは桃園空港行きのシャトルバスですか。
B:そうですよ。第一ターミナルですか、それとも第二ターミナルですか。
A:すみません、自分でもよく分かりません。キャセイ航空に乗るのですが。
B:わかりました。それなら、第一ターミナルで降りてください。
C(チェックインカウンターの女性):こんにちは。パスポートとe-チケットをお願いします。
A:はい。
C:香港までですか。お預けになるお荷物はございますか。
A:2つあります。
C:分かりました。ただいま、窓側のお席は満席となっておりますので、通路側のお席でよろしいでしょうか。
A:もちろんかまいません。
C:こちらがご搭乗券でございます。時間が差し迫っておりますので、お急ぎセキュリティーチェックと出国検査をお受けになり、A5ゲートよりご搭乗ください。

《語句注釈》

接駁車------シャトルバス（中国では以前は班车と言ったが最近は机场巴士と言う）。

第一航廈----第一ターミナル。「廈」は台湾ではxiàと読む（中国ではshà。廈門のように地名の場合のみxià)。「大廈」も台湾ではdàxià、中国ではdàshàと発音される。

報到櫃檯----空港のチェックインカウンター。

位子--------座席。台湾では座位よりも位子が好んで使われる。

登機證------搭乗券（中国では登机牌）。

登機門------搭乗ゲート（中国では登机口）。

飛行機の搭乗ゲートの案内板
（左：台湾桃園国際空港、右：上海浦東国際空港)。

8. 飛行機

A（空服員）：各位旅客，歡迎搭乘長榮航空公司 BR103 班機由東京飛往台北。我們飛機馬上要起飛了。請確實繫好安全帶，所有電子用品的電源請關上。今天到台北的飛行時間是 3 個小時又 45 分鐘。
(Kōngfúyuán) Kèwèi lǚkè, huānyíng dāchéng chángróng hángkōng gōngsī BR103 bānjī yóu Dōngjīng fēiwǎng Táiběi. Wǒmen fēijī mǎshàng yào qǐfēi le. Qǐng quèshí jìhǎo ānquándài, suǒyǒu diànzǐ yòngpǐn de diànyuán qǐng guānshàng. Jīntiān dào Táiběi de fēixíng shíjiān shì 3 ge xiǎoshí yòu 45 fēnzhōng.

A（機上簡餐）：先生，您要豬肉？還是要海鮮？
(Jīshàng jiǎncān) Xiānshēng, nín yào zhūròu? Háishì yào hǎixiān?

B：我要海鮮。
Wǒ yào hǎixiān.

A：飲料呢？
Yǐnliào ne?

B：你們有什麼飲料？
Nǐmen yǒu shénme yǐnliào?

A：我們有白開水，柳丁汁，番茄汁，可樂，日本啤酒，台灣啤酒，白酒，紅酒。
Wǒmen yǒu báikāishuǐ, liǔdīngzhī, fānqiézhī, kělè, Rìběn píjiǔ, Táiwān píjiǔ, báijiǔ, hóngjiǔ.

B：來柳丁汁吧。
Lái liǔdīngzhī ba.

A：加不加冰塊？
Jiā bù jiā bīngkuài?

B：請。
　Qǐng.

A（降落後）：各位旅客，歡迎蒞臨台灣。入境的旅客，請您先填寫入境表格後再前往入境手續櫃檯。過境的旅客，請您到轉機櫃檯辦理手續。

(Jiàngluò hòu) Kèwèi lǚkè, huānyíng lìlín Táiwān. Rùjìng de lǚkè, qǐng nín xiān tiánxiě rùjìng biǎogé hòu zài qiánwǎng rùjìng shǒuxù guìtái. Guòjìng de lǚkè, qǐng nín dào zhuǎnjī guìtái bànlǐ shǒuxù.

《訳》

A（客室乗務員）：皆様、エバー航空BR103便東京発台北行きにご搭乗くださりありがとうございます。この飛行機はまもなく離陸いたします。シートベルトをご確認の上、すべての電気製品の電源をお切りください。本日の台北までの飛行時間は3時間と45分を予定しております。

A（機内食）：すみません。ポークとシーフードのどちらになさいますか。

B：シーフードでお願いします。

A：飲み物はいかがいたしましょうか。

B：どんな飲み物がありますか。

A：お水、オレンジジュース、トマトジュース、コーラ、日本のビール、台湾のビール、白ワイン、赤ワインです。

B：オレンジジュースを下さい。

A：氷はお入れしますか。

B：お願いします。

A（着陸後）：皆様、台湾にようこそ。入国されるお客様は、

入国カードをご記入の上、入国審査カウンターにお進みください。お乗換えのお客様は、乗り継ぎカウンターでお手続きをお願いします。

《語句注釈》
空服員------客室乗務員。かつては空姐と呼ばれていたが最近は空服員と改められている。
搭乗--------標準発音は dāchéng であるが、dāchèng と第二音節を4声に発音する人もいる。
又----------台湾では、何時間何分と言う場合に時間と分の間に又をはさんで言うことが多い。
番茄--------トマト。中国では西紅柿とも言うが、台湾では番茄としか言わない。代わりに、日本統治時代に日本語からトマトが外来語として流入して定着したため、トマトでよく通じる。
白酒--------白ワイン。中国で言うところの白酒は台湾では高粱酒と呼ばれる。
降落--------着陸。落地とも言う。
過境--------トランジット。
轉機--------飛行機の乗り継ぎ。ちなみに電車やバスの乗り換えは換車と言う（中国のように倒车とは言わない）。

飛行機の乗り継ぎカウンターの案内板。

台湾の入国カード。

9. 鉄　　道

A：請問。火車票在哪裡買？
　　Qǐng wèn. Huǒchēpiào zài nǎlǐ mǎi?

B：在販賣部那邊右轉就有售票處。
　　Zài fànmàibù nàbiān yòuzhuǎn jiù yǒu shòupiàochù.

A：謝謝。
　　Xièxiè.

B：不會。
　　Búhuì.

A（在售票處）：我要買一張到新竹的自強號。
　　(Zài shòupiàochù) Wǒ yào mǎi yì zhāng dào Xīnzhú (Hsinchu) de zìqiánghào.

C：不好意思。今天的自強號，莒光號都售完了。新竹不遠，你可以坐區間車去，請在旁邊的自動售票機購票。
　　Bùhǎoyìsī. Jīntiān de zìqiánghào, jǔguánghào dōu shòuwán le. Xīnzhú bù yuǎn, nǐ kěyǐ zuò qūjiānchē qù, qǐng zài pángbiān de zìdòng shòupiàojī gòupiào.

A：知道了。感謝。
　　Zhīdào le. Gǎnxiè.

D（列車廣播）：各位旅客，新竹站快到了。コーウィ・ルーケー，シンテュエックツァム・テベ・カウ・レ（台語）。コヴィ・リーハー，シンチョッツォアム・クゥオイ・トー・レ（客家語）。We are now at Hsinchu station.
　　(Lièchē guǎngbō): Gèwèi lǚkè, Xīnzhúzhàn kuài dào le.

A：不好意思，借過一下。我要下車。
　　Bùhǎoyìsī, jièguò yíxià. Wǒ yào xiàchē.

《訳》
A：すみません。鉄道の切符はどこで買いますか。
B：あのキオスクのところを右に曲がったところがすぐ切符売り場ですよ。
A：ありがとうございます。
B：どういたしまして。
A（切符売り場で）：新竹まで特急一枚。
C：申し訳ないですが、本日の特急、急行ともに全部売切れです。新竹は遠くないですから普通列車でも行けますよ。隣の自動販売機で切符を購入してください。
A：分かりました。ありがとうございます。
D（列車の放送）：まもなく新竹駅に到着します。
A：すみません。降りますので通してください。

《語句注釈》
販賣部------キオスク（中国では小売部）。
右轉--------右折する（中国のように往右拐とは言わない）。Uターンすることは回轉と言う。
不會--------台湾では「どういたしまして」と言う時に、不客氣よりも不會と答えることが多い。
自強號------特急列車に相当する列車名称。指定席。
莒光號------急行列車。指定席。
區間車------普通列車。自由席。
Hsinchu ----新竹 (Xīnzhú) のウェード式ローマ字表記。
借過--------通してください（中国では借光）。

駅の発車時刻電光掲示板。

阿里山森林鉄道の列車。鉄道は日本統治時代に敷かれました。

10. 市バス、地下鉄

A：小姐，請問一下。我想去陽明山看看櫻花，坐捷運可以去嗎？
Xiǎojiě, qǐng wèn yíxià. Wǒ xiǎng qù Yángmíngshān kànkàn yīnghuā, zuò jiéyùn kěyǐ qù ma?

B：到陽明山的捷運沒有，你先坐捷運淡水線在士林站下車，然後再搭公車才可以去。
Dào Yángmíngshān de jiéyùn méiyǒu, nǐ xiān zuò jiéyùn dànshuǐxiàn zài Shìlínzhàn xiàchē, ránhòu zài dā gōngchē cái kěyǐ qù.

A：明白了。那，到了士林以後該坐幾路公車好呢？
Míngbái le. Nà, dào le Shìlín yǐhòu gāi zuò jǐlù gōngchē hǎo ne?

B：坐260路或紅5路公車，在陽明山公園下車就可以了。
Zuò 260 lù huò hóng 5 lù gōngchē, zài Yángmíngshān gōngyuán xiàchē jiù kěyǐ le.

A：可是，我在台灣第一次一個人坐公車，有點緊張。
Kěshì, wǒ zài Táiwān dìyīcì yí gè rén zuò gōngchē, yǒudiǎn jǐnzhāng.

B：不用緊張啦。台灣人都很喜歡日本人，要是你不懂的話，問司機或乘客，大家都會很親切地告訴你。
Búyòng jǐnzhāng la. Táiwānrén dōu hěn xǐhuān Rìběnrén, yàoshì nǐ bù dǒng de huà, wèn sījī huò chéngkè, dàjiā dōu huì hěn qīnqiède gàosù nǐ.

A：真的？那我就放心了。
Zhēn de? Nà wǒ jiù fàngxīn le.

B：因為很多人刷卡搭車，可是你是現金搭車的吧，所以最好在上車時告訴司機你是現金搭車的。如果乘客多的話，不要座在博愛座喔。

Yīnwèi hěn duō rén shuākǎ dāchē, kěshì nǐ shì xiànjīn dāchē de ba, suǒyǐ zuìhǎo zài shàngchēshí gàosù sījī nǐ shì xiànjīn dāchē de. Rúguǒ chéngkè duō de huà, búyào zuò zài bóàizuò wo.

《訳》

A：すみません、ちょっとお伺いします。陽明山に桜を見に行きたいのですが、地下鉄で行けますか。

B：陽明山まで行く地下鉄はないですね。まず地下鉄淡水線に乗って士林駅で降りて、そこからバスで行かないといけないですね。

A：そうですか。なら、士林駅に着いてから何番のバスに乗ればいいのですか。

B：260番か紅5番のバスに乗って、陽明山公園で下車すればいいですよ。

A：でも、台湾で一人でバスに乗るのは初めてなんです。ちょっと心配です。

B：緊張しなくてもいいですよ。台湾人は皆日本人が大好きです。もし分からないことがあれば、運転手か乗客に聞けば、皆親切に教えてくれますよ。

A：本当ですか。それなら安心です。

B：交通カードで乗る人が多いですが、あなたは現金で乗車しますよね。できれば、乗車時に運転手に現金で乗車すると言ったほうがいいですね。あと、もしも乗客が多かったら優先座席には座らないでね。

《語句注釈》

櫻花--------もちろん桜のことであるが、サクラと言っても通じる。面白いのは、講演会などで主催者側が動員した聴衆のこともサクラということ。日本統治時代にこんな言い方まで定着したのには本当に驚かされる。

捷運--------地下鉄やモノレールなど新都市交通システムを指す言葉。中国のように地铁とは言わない。

公車--------市バス。バス停は公車站という。なお、長距離バスは客運巴士といって区別する。中国のように公共汽车、公交车、长途汽车とは言わない。

260路------台湾では liǎngbǎi liùshí lù と読んでよい。

一個人------台湾國語では、個は軽声に読んでも4声に読んでもどちらでもよい。

親切--------親切。中国では日本語の親切は热情と言うが、台湾では親切でよい（ただし、最近は中国でも親切の意味で亲切を使うこともある）。台湾で熱情と言うと情熱の意味になる。

博愛座------優先席（中国では老弱病残孕专座とか爱心专座とか言う）。

市バス内の博愛座の表示。

地下鉄台北駅の改札口。捷運と書かれています。

11. 新幹線

A：從台中到高雄假如搭高鐵的話需要多久時間？
Cóng Táizhōng dào Gāoxióng jiǎrú dā gāotiě de huà xūyào duōjiǔ shíjiān?

B：直達的只需 45 分鐘，沿途各站都停靠的 1 個鐘頭就可以到。
Zhídá de zhǐ xū 45 fēnzhōng, yántú gèzhàn dōu tínggào de yíge zhōngtóu jiù kěyǐ dào.

A：票價怎樣？
Piàojià zěnyàng?

B：對號座車廂 860 元，自由座車廂 830 元。
Duìhàozuò chēxiāng 860 yuán, zìyóuzuò chēxiāng 830 yuán.

A：當日票好買嗎？
Dāngrìpiào hǎomǎi ma?

B：除非是週末的話，應該沒問題吧。
Chúfēi shì zhōumò de huà, yīnggāi méiwèntí ba.

A：往高雄是哪一個月台呢？
Wǎng Gāoxióng shì nǎ yí ge yuètái ne?

B：你看，有寫著南下月台和北上月台的字吧。
Nǐ kàn, yǒu xiězhe nánxià yuètái hàn běishàng yuètái de zì ba.

A：那我知道了。在南下月台上車就好了。
Nà wǒ zhīdào le. Zài nánxià yuètái shàngchē jiù hǎo le.

B：還有時間，我們坐著等一下吧。給你軟糖喔。
Hái yǒu shíjiān, wǒmen zuòzhe děng yíxià ba. Gěi nǐ ruǎntáng wo.

A：好啊。喔，這個比較 Q 啊！
Hǎo a. Wo, zhège bǐjiào kiū a!

《訳》

A：台中から高雄まで、もし新幹線で行くとしたら時間はどれぐらいかかりますか。

B：直行のだとわずか45分、各駅に停まるのでも1時間で着きますよ。

A：切符の値段はどうですか。

B：指定席が860元、自由席が830元です。

A：当日でも切符は買えますか。

B：週末でさえなければ問題ないと思いますよ。

A：高雄方面はどちらのホームですか。

B：ほら、「南下方面プラットホーム」と「北上方面プラットホーム」と書いてありますね。

A：あー、分かりました。「南下方面プラットホーム」から乗ればいいんですよね。

B：まだ時間がありますから、座ってグミでも食べながら待っていますか。

A：そうしましょうか。おっ、これ、すごく噛みごたえがありますね。

《語句注釈》

高鐵---------新幹線。外国人でも65歳以上はパスポートで年齢確認すれば半額となるのでご年配の方には大変お薦めである。

多久時間----台湾人は「多長時間」よりも「多久時間」をよく使う。

對號座------指定席。指定料金が極めて安いのがよい。

自由座-------自由席。

月台---------プラットホーム（中国では站台）。

軟糖---------グミやハイチュウなどの柔らかい飴。

比較---------とても便利な万用語句。少し、ある程度、結構、非常に、あまり、など状況に応じてどんな意味にもなる。

Q-----------口ごたえがある、噛みごたえがある、歯ざわり感がある、うどんなどが腰があるような場合の食べた感触を表す流行語。kiūと発音する。二つ重ねてQQと言うこともある。

台湾の新幹線。　　　　下りプラットホームへのエレベーターの表示。

12. 長距離バス

A：我要去台南。坐高鐵,火車,客運巴士,哪個最便宜?
Wǒ yào qù Táinán. Zuò gāotiě, huǒchē, kèyùn bāshì, nǎge zuì piányí?

B：當然坐客運去最便宜吧。
Dāngrán zuò kèyùn zuì piányí ba.

A：客運會不會比火車慢得多?需要多久時間?
Kèyùn huì bú huì bǐ huǒchē mànde duō? Xūyào duōjiǔ shíjiān?

B：因為都經高速公路,除非有塞車,跟火車差不了多少吧。而且客運都有位子。火車經常擁擠,往往只能買無座票而已呀。至於所需時間,你先向國光,統聯或和欣客運的總站打電話問一下吧。
Yīnwèi dōu jīng gāosù gōnglù, chúfēi yǒu sāichē, gēn huǒchē chābùliǎo duōshǎo ba. Érqiě kèyùn dōu yǒu wèizi. Huǒchē jīngcháng yōngjǐ, wǎngwǎng zhǐ néng mǎi wúzuòpiào éryǐ ya. Zhìyú suǒxū shíjiān, nǐ xiān xiàng Guóguāng, Tǒnglián, huò Héxīn kèyùn de zǒngzhàn dǎ diànhuà wèn yíxià ba.

A：原來如此。那,客運巴士的總站在哪裡?
Yuánlái rúcǐ. Nà, kèyùn bāshì de zǒngzhàn zài nǎlǐ?

B：就在台北火車站旁邊,它叫做台北轉運站。
Jiù zài Táiběi huǒchēzhàn pángbiān, tā jiàozuò Táiběi zhuǎnyùnzhàn.

A：感謝你喔。
Gǎnxiè nǐ wo.

《訳》

A：台南に行きたいのですが、新幹線、在来線、高速バスのどれが一番安いですか。

B：もちろん高速バスが一番安いでしょうね。

A：高速バスだと在来線よりも大分遅くなりますか。どれくらい時間がかかりますか。

B：高速道路を通りますから、渋滞でもない限り在来線とそんなに変わらないと思いますよ。しかも高速バスなら座席指定ですし。在来線はいつも込み合ってて、立ち席しか買えないこともしばしばですよ。所要時間については國光バス、統聯バス、和欣バスのバスターミナルに電話して聞いてみてください。

A：そういうことだったんですか。でも、高速バスターミナルはどこにあるのですか。

B：台北駅のすぐ隣、台北乗換えターミナルという名前ですよ。

A：ありがとう。

《語句注釈》

便宜--------台湾では第二音節が軽声化しないので、piányí としっかり発音する。

差不了------台湾では chā と1声に読む(中国では「違い」という名詞の場合は1声、「違う」という動詞の場合は4声)。不了の部分も軽声化させないか、あるいは末尾の了だけを軽声で発音し、その前の不は4声に読むのが普通である。ちなみに、出差の差の字は中国同様 chāi と読む。

總站--------メインターミナル。多くはバスのメインターミナルのことを指す（中国では长途汽车站）。

轉運站------バスの乗り換えターミナル。總站とあまり違わないが、複数バス会社などが總站を共有している場合や、単一バス会社でも郊外の乗り換え専用のバスターミナルなどの場合は轉運站と呼ばれることが多い。

長距離バス乗り換えターミナルの表示。

13. ホテル

A：你好。請問,今天有空房嗎?
　　Nǐ hǎo. Qǐngwèn, jīntiān yǒu kòngfáng ma?

B：不好意思,今晚我們客滿。因為最近陸客太多。
　　Bùhǎoyìsī, jīnwán wǒmen kèmǎn. Yīnwèi zuìjìn Lùkè tài duō.

A：是嗎?那這附近有其他旅館嗎?
　　Shì ma? Zhè fùjìn yǒu qítā lǚguǎn ma?

B：我們旅館後面有幾家,你去看看吧。
　　Wǒmen lǚguǎn hòumiàn yǒu jǐjiā, nǐ qù kànkàn ba.

C（在另一家旅館）：歡迎光臨!
　　(Zài lìng yìjiā lǚguǎn) Huānyíng guānglín!

A：你好。有房間嗎?
　　Nǐ hǎo. Yǒu fángjiān ma?

C：有的。
　　Yǒu de.

A：住一個晚上需要多少錢?
　　Zhù yí ge wǎnshàng xūyào duōshǎoqián?

C：有網路的 1500,沒有網路的 1200。
　　Yǒu wǎnglù de 1500, méiyǒu wǎnglù de 1200.

A：那,給我有網路的。
　　Nà, gěi wǒ yǒu wǎnglù de.

C：好。請出示證件和填寫入住報名表。這是您的鑰匙。106 號房間。
　　Hǎo, Qǐng chūshì zhèngjiàn hàn tiánxiě rùzhù bàomíngbiǎo. Zhè shì nín de yàoshi. 106 hào fángjiān.

《訳》

A：すみません。今晩、空き部屋はありますか。
B：申し訳ございません。今晩は満室となっております。中国からのお客様が最近は多いもので。
A：そうですか。それなら、近くに他のホテルはありませんか。
B：うちのホテルの裏手に数軒ございますので、行ってみてください。
C（別のホテルで）：いらっしゃいませ！
A：こんばんは。部屋はありますか。
C：ございます。
A：一泊いくらですか。
C：インターネット付きの部屋が1500元、インターネットなしだと1200元です。
A：それなら、インターネット付きにしてください。
C：承知いたしました。では身分証明書とこちらの用紙へのご記入をお願いします。鍵はこちらです。106号室でございます。

《語句注釈》

陸客--------中国からの観光客。台湾では中国のことを大陸と呼ぶ。

太多--------通常、太と了は呼応するが、太多了と言うと「多すぎて困っている」というニュアンスが含まれてくるのであえて了を省略している。ニュアンスとしては很多に近いものとなる。

幾家--------ホテルやレストランの量詞は家を使う。

網路--------インターネット。正式名称は網際網路(中国では网络、互连网)。

106---------台湾では電話番号や部屋番号などを棒読みするときに1をyāoとは読まない。普通にyīと読めばよい。

小さな旅館のフロントのおばさんたち。最近の台湾ではホテルや旅館以外に、民宿も増えてきています。

14. 観　　光

A：台北有什麼景點呢？
　　Táiběi yǒu shénme jǐngdiǎn ne?

B：嗯，有很多啊。比方說，故宮博物院，中正紀念堂，士林夜市，西門町，龍山寺，還有台北 101 等。
　　Ng, yǒu hěn duō a. Bǐfāngshuō, Gùgōng bówùyuàn, Zhōngzhèng jìniàntǎng, Shìlín yèshì, Xīméndīng, Lóngshānsì, háiyǒu Táiběi 101 děng.

A：坐捷運可以去嗎？
　　Zuò jiéyùn kěyǐ qù ma?

B：大部分的景點可以。但有些地方還是坐計程車去比較方便。因為都是跳表去，應該不會很貴吧。
　　Dàbùfèn de jǐngdiǎn kěyǐ. Dàn yǒuxiē dìfāng háishì zuò jìchéngchē qù bǐjiào fāngbiàn. Yīnwèi dōu shì tiàobiǎo qù, yīnggāi búhuì hěn guì ba.

A：有沒有腳踏車出租？
　　Yǒu méiyǒu jiǎotàchē chūzū?

B：不曉得耶。機車出租應該有，不過腳踏車出租即使有也很少吧。
　　Bù xiǎodé ye. Jīchē chūzū yīnggāi yǒu, búguò jiǎotàchē chūzū, jíshǐ yǒu yě hěn shǎo ba.

《訳》

A：台北の見所と言えばどこですか。
B：そうですね、色々ありますよ。例えば、故宮博物院、中正記念堂、士林のナイトマーケット、西門町、龍山寺、それ

に台北101タワーなどです。
A：地下鉄で行けますか。
B：大部分のところは行けますよ。でも、タクシーの方がやはり便利な所もあります。メーター通りですから、タクシーでもそんなに高くはないはずです。
A：レンタサイクルはないんですか。
B：うーん、ちょっと分かりませんね。レンタバイクはあると思いますけれど、レンタサイクルはもしあったとしても少ないでしょうね。

《語句注釈》
景點--------観光名所。
比方說------たとえば。譬(pì)如說、打個比方などもよく使う（中国でよく使われる比如说は台湾ではあまり使われない）。書き言葉では例如がよく使われる。
計程車------タクシー（中国では出租汽車または出租車、香港では的士、シンガポールやマレーシアでは德士と言い、各地で言い方が違うのは有名）。
跳表--------タクシーがメーターで計算する。
腳踏車------自転車。台湾中部では鐵馬とも言う。中国と同じ自行車は書き言葉ではたまに使われるが、話し言葉ではまず使われない。單車もさほど使われない。
不曉得------知らない。分からない。台湾人は曉得を良く使う。こういう時に不知道を使うと冷たく聞こえる。
機車--------バイク（中国では摩托車）。特にミニバイクを指すことが多い。日本語からの外来語として、ōtobài

もよく通じる。

空港のタクシー乗り場の案内表示。

鉄道乗車時には自転車は専用バッグに入れましょうという案内表示。

15. 夜　　市

A：伊藤桑，今天晚上一起去逛逛夜市，好不好？
　　Itō-sāng, jīntiān wǎnshàng yìqǐ qù guàngguàng yèshì, hǎo bù hǎo?

B：好啊。夜市有什麼東西？
　　Hǎo a. Yèshì yǒu shénme dōngxī?

A：有很多。賣衣服，賣鞋子，賣各種小吃，賣髮飾，還有遊戲。
　　Yǒu hěn duō. Mài yīfú, mài xiézi, mài gèzhǒng xiǎochī, mài fǎshì, hái yǒu yóuxì.

B：有什麼小吃呢？
　　Yǒu shénme xiǎochī ne?

A：臭豆腐，大腸包小腸，蚵仔煎，炸雞排，鹽酥雞，豬血糕，章魚小丸子，珍珠奶茶，還有很多很多。
　　Chòudòufǔ, dàcháng bāo xiǎocháng, o-a-jiān, zhájīpái, yánsūjī, zhūxuěgāo, zhāngyú xiǎowánzi, zhēnzhū nǎichá, hái yǒu hěn duō hěn duō.

B：那，遊戲呢？
　　Nà, yóuxì ne?

A：套圈圈，射飛鏢，夾娃娃，撈金魚等等。
　　Tàoquānquān, shèfēibiāo, jiáwáwá, lāojīnyú děngděng.

《訳》
A：伊藤さん、今晩一緒に夜店に行きませんか。
B：いいですね。夜店にはどんなものがありますか。
A：何でもありますよ。衣服、靴、食べ物、アクセサリー類、

あと、ゲームもあります。
B：どんな食べ物がありますか。
A：臭豆腐、大腸包小腸、蚵仔煎（オアチィエン）、台湾式フライドチキン、鶏のから揚げ、豚の血餅、たこ焼き、タピオカミルクティー、それ以外にもいっぱいありますよ。
B：じゃあ、ゲームはどうですか。
A：輪投げ、風船割り、UFOキャッチャー、金魚すくいとかですかね。

《語句注釈》
臭豆腐------豆腐を発酵させたもの。独特の匂いですぐに分かる。
大腸包小腸--ソーセージを米で包んだもの。
蚵仔煎------生きた牡蠣をその場で炒めたオムレツ。「蚵仔」の部分は必ず台語読みで「オア」と発音する。
炸雞排------鶏を丸ごと揚げてあることが多い。
鹽酥雞------鶏肉を小さく切って揚げてある。
豬血糕------豚の血ともち米を混ぜて加熱して固めたもの。
章魚小丸子--たこ焼き。日本と違って甘いたれやマヨネーズをかけてあることが多い。
珍珠奶茶----キャッサバの根の澱粉を真珠くらいの大きさに丸め、ミルクティーに入れたもので、太目のストローで飲む。台湾人はやたらとこれを外国人に飲ませたがるのが面白い。
套圏圏------輪投げ。日本の輪よりも小さく、また、雛壇に並べた商品に向かって直接投げる。

射飛鏢------ダーツのような針を投げて風船を割る。
夾娃娃------UFO キャッチャー。
撈金魚------金魚すくい。日本の金魚すくいよりも紙が破れにくいものが多い。中にはひしゃくですくう方式のものもある。

人で賑わうナイトマーケット。

大腸包小腸の屋台。

16. コンビニ

A：台灣的便利商店和日本的便利商店有所不同嗎？
Táiwān de biànlì shāngdiàn hé Rìběn de biànlì shāngdiàn yǒu suǒ bù tóng ma?

B：大致上是一樣的吧。有各種飲料，酒類，香菸，泡麵，雜誌，便當和麵包，洋芋片，文具等等。對了，還有關東煮和御飯糰。
Dàzhìshàng shì yíyàng de ba. Yǒu gèzhōng yǐnliào, jiǔlèi, xiāngyān, pàomiàn, zázhì, biàndāng hé miànbāo, yángyùpiàn, wénjù děngděng. Duì le, hái yǒu guāndōngzhǔ hé yùfàntuán.

A：我想去看看。
Wǒ xiǎng qù kànkàn.

C（便利商店員工）：歡迎光臨！
(Biànlì shāngdiàn yuángōng) Huānyíng guānglín!

A：哇，跟日本的便利商店一模一樣！
Wā, gēn Rìběn de biànlì shāngdiàn yìmóyíyàng.

B：我買三個三明治和茶葉蛋吧。
Wǒ mǎi sān ge sānmíngzhì hé cháyèdàn ba.

C：收你 100 元。要不要袋子？
Shōu nǐ 100 yuán. Yàobúyào dàizi?

B：不用袋子。
Búyòng dàizi.

C：好。找你 40 元，謝謝光臨。
Hǎo. Zhǎo nǐ 40 yuán, xièxiè guānglín.

《訳》

A：台湾のコンビニは日本のコンビニと何か違いがありますか。

B：大体同じだと思います。各種のドリンク、酒類、タバコ、カップラーメン、雑誌、弁当にパン、ポテトチップ、文具などが置いてあります。そうそう、おでんとおにぎりも売っています。

A：見に行ってみたいですね。

C（コンビニの店員）：いらっしゃいませ！

A：わー、日本のコンビニと全く一緒ですね。

B：サンドイッチ三個と茶葉ゆで卵を買います。

C：100元お預かりいたします。袋はご入用ですか。

B：袋は要りません。

C：はい。では40元のお返しです。ありがとうございました。

《語句注釈》

和----------ここでは若者の会話を想定して発音をhànではなくhéとしている（p.19参照）。第17課、第20課なども同様。

香菸--------香煙とは書かないので注意。

泡麵--------カップラーメン（中国では方便面）。昔は海賊版のソフトウェアのことも俗に泡麵と言った。

便當--------日本統治時代に日本語の弁当を台語に音訳したものが、その後國語に逆輸入されたもの。中国ではかつては盒饭としか言わず、食べ物に「便」の字を使うとは何事かと言われたが、最近は中国でも便当が普通に通用するようになった。

洋芋片------ポテトチップス(中国では薯片)。
關東煮------おでん。
御飯糰------おにぎり。
一模一樣----辞書では yìmúyíyàng が正式な発音となっているが、実際には yìmóyíyàng が通用している。
三明治------サンドイッチ。
茶葉蛋------ゆで卵を、塩を加えたウーロン茶で煮たもの。

台湾の便利商店。当然ながら、日本のコンビニとそっくり。

關東煮(おでん)の店の暖簾。

17. パソコン

A：聽說你最近買了新的電腦,是不是?
Tīngshuō nǐ zuìjìn mǎi le xīn de diànnǎo, shì bú shì?

B：是啊。
Shì a.

A：哪時候買的?
Nǎshíhòu mǎi de?

B：上個月啊。
Shàng ge yuè a.

A：是平板嗎?
Shì píngbǎn ma?

B：不是啊。是普通的筆電。印表機也一起買了。在家裡能列印好方便。
Búshì a. Shì pǔtōng de bǐdiàn. Yìnbiǎojī yě yìqǐ mǎi le. Zài jiā lǐ néng lièyìn hǎo fāngbiàn.

A：記憶體和硬碟有多大?
Jìyìtǐ hé yìngtiě yǒu duō dà?

B：記憶體有 2GB,硬碟有 1TB。沒什麼特別的。
Jìyìtǐ yǒu 2GB, yìngtiě yǒu 1TB. Méi shénme tèbié de.

A：哪裡沒什麼特別的呀!因為我只有智慧型手機,好羨慕耶!
Nǎlǐ méi shénme tèbié de ya! Yīnwèi wǒ zhǐ yǒu zhìhuìxíng shǒujī, hǎo xiànmù ye!

B：最近的智慧型手機的功能相當厲害,跟電腦比起來也不相上下。

Zuìjìn de zhìhuìxíng shǒujī de gōngnéng xiāngdāng lìhài, gēn diànnǎo bǐqǐlái yě bùxiāngshàngxià.

A：它的功能的確不錯，不過常常當機，令人氣死了。
Tā de gōngnéng díquè búcuò, búguò chángcháng dàngjī, lìng rén qìsǐ le.

B：那麼講的話，電腦也常常會當機，一樣啦。
Nàme jiǎng de huà, diànnǎo yě chángcháng dàngjī, yíyàng la.

《訳》

A：最近新しいパソコン買ったんだって？
B：そうだよ。
A：いつ買ったの？
B：先月だよ。
A：タブレット？
B：違うよ。普通のノートパソコン。プリンターも一緒に買ったんだよ。家で印刷できるのはすごく便利だね。
A：メモリーとハードディスクはどれぐらい？
B：メモリーが2GBで、ハードディスクは1TB。ごく普通だよ。
A：どこがごく普通なんだよ！私なんかスマホしか持ってないのに、うらやましいよ。
B：最近のスマホの機能は結構すごいから、パソコンと比べても遜色ないと思うけどね。
A：確かに機能はすごいけど、しょっちゅうフリーズするから怒り爆発だよ。
B：そんなこと言ったら、パソコンだってしょっちゅう固まるよ。同じことだよ。

《語句注釈》

哪時候------いつ。台湾では什麼時候よりも哪時候をよく使う。発音は nǎshíhòu であり、něishíhòu とはならない。

平板--------平板電腦の略。タブレット（フラットなモバイル型のPC）。最初に発売されたころには平電という人もいたが、結局平板に落ち着いたもよう。

筆電--------筆記型電腦の略。ノートパソコン（中国では笔记本电脑）。

印表機------プリンター（中国では打印机）。

列印--------印刷する（中国では打印）。

記憶體------メモリー（中国では内存）。

硬碟--------ハードディスク（中国では硬盘）。

智慧型手機--スマートフォン（中国では智能手机）。

不相上下----甲乙付けがたい。相は1声に読む。

當機--------PCがフリーズする（中国では死机）。當は4声に読む。

プリンターのことは印表機といいます。墨水匣はインクカートリッジ、碳粉匣はトナーカートリッジです。

18. 病　　気

A：我現在頭有點痛。對面有診所吧。我想去看看醫生。
　　Wǒ xiànzài tóu yǒudiǎn tòng. Duìmiàn yǒu zhěnsuǒ ba. Wǒ xiǎng qù kànkàn yīshēng.

B：人家都說那位醫生是蒙古太夫耶。不要去啦。
　　Rénjiā dōu shuō nà wèi yīshēng shì ménggǔ dàifū ye. Búyào qù la.

A：是這樣嗎？那，去哪一家好呢？
　　Shì zhèyàng ma? Nà, qù nǎ yì jiā hǎo ne?

B：去國小隔壁的診所好了。那家醫生很不錯。
　　Qù guóxiǎo gébì de zhěnsuǒ hǎo le. Nà jiā yīshēng hěn búcuò.

A：嗯，那去看看吧。
　　Ng, nà qù kànkàn ba.

B：不過你沒有健保卡吧。自費診療應該很貴喔。
　　Búguò nǐ méiyǒu jiànbǎokǎ ba. Zìfèi zhěnliáo yīnggāi hěn guì wo.

A：不必擔心。因為我有加入旅行保險，所以沒問題啦。
　　Búbì dānxīn. Yīnwèi wǒ yǒu jiārù lǚxíng bǎoxiǎn, suǒyǐ méiwèntí la.

《訳》

A：ちょっと頭が痛いです。向かいに医院がありますが、診てもらいに行きたいです。

B：噂によると、あそこは藪だそうですよ。行かないほうがいいですよ。

Ａ：そうなんですか。それなら、どこがお勧めですか？

Ｂ：小学校の隣の医院がいいですよ。あそこのお医者さんなら間違いないです。

Ａ：はい、それならそこに行ってみます。

Ｂ：でも、健康保険証がないでしょう。自費診療だときっとかなり高くなりますよ。

Ａ：大丈夫。旅行保険に加入していますから問題ないです。

《語句注釈》

診所--------医院、町医者、診療所など小規模な医療施設。病院のように大規模なものは醫院と言う。

蒙古太夫-----藪医者。中国同様、庸醫も使用される。その他、若者の流行語として波波醫生という言い方もある。台湾が協定を結んでいる国の医学部を出ると医師免許が取れる制度があり、その中でポーランドが一番医学部に入りやすく卒業しやすいと言われているため、成績の良くない学生がこぞって波蘭（ポーランド）に留学して帰国後医者になったことから。

國小--------小学校。台湾の教育制度は國小→國中→高中→大學→研究所（大学院のこと）となっている。

健保卡------健康保険証。全民健康保險卡の略。

台湾には至るところに診所があります。これは歯科医院の看板です。

薬局の看板。台湾では藥局と書いてあることが多く、藥房と書いてあることは比較的少ない（中国では药局という言葉は使われず、药房または药店が使われます）。なお、大型のドラッグストアーは藥妝店と呼ばれています。

19. おみやげ

A：下週要去日本旅遊,想買一些禮物一起帶去送給日本朋友。
　　Xiàzhōu yào qù Rìběn lǚyóu, xiǎng mǎi yìxiē lǐwù yìqǐ dài qù sòng gěi Rìběn péngyǒu.

B：是嗎?很好啊。
　　Shìma? Hěn hǎo a.

A：你認為送鳳梨酥或送肉鬆哪一個比較好?
　　Nǐ rènwéi sòng fènglísū huò sòng ròusōng nǎ yí ge bǐjiào hǎo?

B：肉鬆是一種農產品,日本海關不允許帶著肉鬆入境。
　　Ròusōng shì yìzhǒng nóngchǎnpǐn, Rìběn hǎiguān bù yǔnxǔ dàizhe ròusōng rùjìng.

A：真的嗎?那,去百貨公司買鳳梨酥吧。
　　Zhēn de ma? Nà, qù bǎihuò gōngsī mǎi fènglísū ba.

B：在百貨公司買比較貴,而且無法殺價。還是在一般的商店買比較好吧。
　　Zài bǎihuò gōngsī mǎi bǐjiào guì, érqiě wúfǎ shājià. Háishì zài yìbān de shāngdiàn mǎi bǐjiào hǎo ba.

A：那,買烏龍茶和烏魚子怎樣啊?
　　Nà, mǎi wūlóngchá hàn wūyúzǐ zěnyàng a?

B：也不錯啊。
　　Yě búcuò a.

《訳》

A：来週日本に旅行に行くので、友達にちょっとお土産を買って持って行きたいんだけど。

B:そうなの。いいじゃないの。
A:パイナップルケーキを持って行くか、肉鬆を持って行くか、どちらがいいと思う?
B:肉鬆は一種の農産品だから、日本の税関で止められるよ。
A:あ、そうなの。じゃあ、百貨店でパイナップルケーキを買うことにするよ。
B:百貨店は高いし、値切ることもできないから、普通の店で買うほうがいいんじゃないかな。
A:ウーロン茶とからすみを買って持って行くのはどうかな。
B:それでもいいね。

《語句注釈》
鳳梨酥------パイナップルケーキ。台湾の特産品の一つ。
肉鬆--------田麩(でんぶ)。牛肉や豚肉のおぼろ。これも台湾の特産品の一つ。
哪個--------國語では nǎge と読まれ、něige とは読まない。
百貨公司----百貨店(中国では百货商店)。
殺價--------値切る(中国では讨价,讲价)。
烏魚子------からすみ。台湾の特産品。

台湾の特産品、鳳梨酥。

台湾名産の高山茶。

20. 口語的表現

A：欸，你看。那個女的超正的喔！
　　Èi, nǐ kàn. Nàge nǚ de chāo zhèng de wo!

B：哪裡有正。"俗"死了！
　　Nǎlǐ yǒu zhèng. Sóng sǐ le.

A：水唷。想搭訕一下內。
　　Suì yo. Xiǎng dāshàn yíxià ne.

B：你想過去泡馬子嗎？哎呀～你的個性不是很機車嗎？你怎麼敢過去搭訕呢？
　　Nǐ xiǎng guòqù pào mǎzi ma? Āiyā, nǐ de gèxìng búshì hěn jīchē ma? Ni zěnme gǎn guòqù dāshàn ne?

A：機車是你呀。
　　Jīchē shì nǐ ya.

B：那，隨便你吧。應該是仙人跳吧。搞不好等一下，從她後面跑出來一個黑道大哥恐嚇你就完了吧。
　　Nà, suíbiàn nǐ ba. Yīnggāi shì xiānréntiào ba. Gǎo bù hǎo děng yíxià, cóng tā hòumiàn pǎochūlái yí ge hēidào dàgē kǒnghè nǐ jiù wán le ba.

A：不會啦～。我們是帥哥和美女的組合，你吃味吧？
　　Búhuì la. Wǒmen shì shuàigē hé měinǚ de zǔhé, nǐ chīwèi ba?

B：啊～我的天啊！美女怎麼看上你這樣的宅男呢？
　　A, wǒ de tiān a! Měinǚ zěnme kànshàng nǐ zhèyàng de zháinán ne?

A：你蠻無聊的。欸，我們好像摸魚摸得太久了，趕快回去吧。
　　Nǐ mǎn wúliáo de. Èi, wǒmen hǎoxiàng mōyú mōde tài jiǔ le, gǎnkuài huíqù ba.

B：嘿呀。
　　Hēiyā.

《訳》

A：おい、見ろよ。あの女、超美人じゃん。

B：あれのどこがええねんな。ただの芋ねーちゃんやがな。

A：可愛いなあ。知り合いになりたいぜー。

B：お前、ナンパに行く気か。おいおい、最低な性格のお前がどないして知り合いになる気やねん。

A：最低な性格はお前の方だよ。

B：ほな、まあご勝手に。きっと美人局やで。下手すると、女の後ろから怖ーいヤーさんがぬっと出てきて一巻の終わりや。

A：まさか。イケメンと美女のカップル、うらやましいだろ。

B：あー、何たること。何で美女がお前みたいなオタクに惹かれることがあるねん。

A：まあ、くだらない話はまあこれくらいにしよう。ちょっと長くサボりすぎたみたいだから早く帰ろうぜ。

B：せやなー。

《語句注釈》

超----------とても、すごく、超〜、非常に。中国のように特
　　　　　　〜とは言わない。

正----------端正で美しい。正統派美人を正妹と言う。一方、
　　　　　　派手派手の女性は辣妹と呼ばれる。

"俗"--------やぼったい。田舎者っぽい。発音は sóng。起源は

　　　　　　　台語。
水----------あまりにも美人である。発音は suì。起源は台語。
搭訕--------(異性と) 知り合いになる。
內----------くだけた会話でよく使われる語尾。発音は ne。吶
　　　　　　とも書く。
泡馬子------男性が女性をナンパする。吊凱子は女性が男性を
　　　　　　逆ナンパする。
機車--------バイク、特にミニバイクのことであるが、台湾で
　　　　　　はミニバイクが大挙して道を走るためにドライ
　　　　　　バーたちから嫌われていることから、俗に、誰に
　　　　　　も嫌われるような人のことを指すようになった。
隨便你------文法的には隨你便であるが、実際の口語では専ら
　　　　　　隨便你が使われている。
仙人跳------美人局。
搞不好------下手すると。搞不好等一下の形でよく使う。
黑道--------やくざ（中国では黑社会）。
吃味--------うらやましく思う、嫉妬する。吃醋も同じ意味で
　　　　　　あるが、吃醋は語感が非常に強い。この会話では
　　　　　　Ａさんも Ｂさんも男性なので吃味が適する。もし
　　　　　　も Ｂさんが女性で Ａさんは Ｂさんの彼氏であれ
　　　　　　ば、吃醋のほうがしっくりくる。
宅男--------オタク男。オタクの女性の場合は宅女と言う。
蠻----------とても、非常に。很〜、好〜などと同義であるが、
　　　　　　非常に口語的なくだけた言い方。台湾人は良く使
　　　　　　う。発音は mǎn と３声になるので、滿と書くべき
　　　　　　という意見も多い。中国のように挺〜は使わない。

摸魚--------仕事や授業などをサボって抜け出す。
嘿呀--------そうだなー（あいまいな返事の時に使う）。起源は台語。

機車はバイクのこと。転じて、皆から嫌われる人を指すようにもなりました。

台湾のプロ野球の一戦。台湾美女に出会えるかな？

21. 食　　材

韭菜	ニラ	芹菜	セロリ
香菇	しいたけ	秋葵	オクラ
竹筍	たけのこ	茭白筍	マコモタケ
辣椒	唐辛子	菠菜	ほうれん草
大白菜	白菜	小白菜	チンゲン菜
小黃瓜	きゅうり	高麗菜	キャベツ
紅蘿蔔	にんじん	白蘿蔔	大根
薑	生姜	蔥	ねぎ
蒜頭	にんにく	洋蔥	玉ねぎ
空心菜	ヨウ菜	A菜	青菜の一種
豬肉	豚肉	牛肉	牛肉
羊肉	羊肉	雞肉	鶏肉
鴨肉	アヒルの肉	鵝肉	ガチョウの肉
豬腳	豚足	虱目魚	サバヒー
章魚	タコ	鯖魚	サバ
白帶魚	たちうお	秋刀魚	さんま
小卷	ヤリイカ、アカイカ、ホタルイカなどの頭部が細長いイカ	花枝（墨魚）	ミミイカ、ソデイカ、ボウズイカなどの頭部が横に広いイカ
魷魚	小卷や花枝に比べて大きく、薄紅色をしているイカ	軟絲	花枝に似ているが、体内に硬い殻がないイカ
山藥	ヤマイモ	苦瓜	にがうり
地瓜	サツマイモ	絲瓜	へちま

冬瓜	とうがん	南瓜	かぼちゃ
芋頭	イモ類	馬鈴薯	じゃがいも
玉米	とうもろこし	豆芽	もやし
茄子	なす	蘆筍	アスパラガス
青花菜	ブロッコリー	毛豆	枝豆
大豆	大豆	青椒	ピーマン
番茄	トマト	螃蟹	かに
蝦子	殻つきのえび	蝦仁	殻を剥いたえび
香腸	ソーセージ	牛排	ビフテキ
芝麻	ごま	胡椒	こしょう
泡菜、醃菜	漬物	佐料	薬味、調味料

 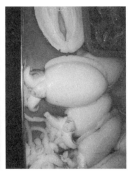 

左からそれぞれ小巻、花枝、魷魚。

22. おやつ類

仙草果凍	しそ科の植物で作ったゼリー	湯圓	台湾お汁粉
芒果冰	マンゴーカキ氷	剉冰	台湾カキ氷
冰淇淋	アイスクリーム	冰沙	シャーベット
餅乾	ビスケット	吐司	トースト
豆漿	豆乳	甜點	スイーツ
長崎蛋糕	カステラ	太陽餅	太陽ケーキ
蛋黃酥	卵ケーキ	年糕	お餅
柳丁汁	オレンジジュース	洋芋片	ポテトチップス
豆花	大豆で作ったデザート	蔥油餅	ツォンヨー焼き
紅豆餅	今川焼き	油條燒餅	ヨウティアオ
水煎包	蒸した肉まん	水餃	水餃子
煎餃	蒸し焼き餃子	鍋貼	焼き餃子
包子	パオツ	饅頭	マントウ
綠茶	緑茶	烏龍茶	ウーロン茶
木瓜牛奶	パパイヤ牛乳	西瓜牛奶	スイカ牛乳
檸檬茶	レモンティー	擔仔麵	タンチャイ麺
外帶	持ち帰り	內用	店内で食べる

湯圓（台湾お汁粉）。日本のお汁粉ほどは甘くありません。

台湾式カキ氷の剉冰。下に5種類のフルーツ、その上にカキ氷、そして蜜がかけてあります。「剉」の字は本来は cuò と読みますが、なぜか剉冰だけは cuàbīng と言わないと通じません（元来、國語には cuà という音韻はないはずであるのに！）。

23. 生活用品

流理臺	流し	電子鍋	電気釜
沙發	ソファー	微波爐	電子レンジ
電冰箱	冷蔵庫	保鮮膜	サランラップ
烘碗機	食器乾燥機	電磁爐	IH
電風扇	扇風機	電視機	テレビ
音響	ステレオ	酒櫃	食器棚
DVD放影機	DVDプレーヤー	烤箱	オーブントースター
瓦斯爐	ガスレンジ	瓦斯桶	ガスボンベ
抽油煙機	換気扇	吹風機	ドライヤー
冷氣	エアコン	熱水器	湯沸かし器
飲水機	給水器	熱水瓶	湯沸しポット
保溫瓶	魔法瓶	垃圾桶	ゴミ箱
日光燈	蛍光灯	時鐘	壁時計
鬧鐘	目覚し時計	手錶	腕時計
家用電話	固定電話	手機	携帯電話
智慧型手機	スマートフォン	電鈴	ベル
對講機	インターホン	果汁機	ミキサー
剪刀	はさみ	起子	ドライバー
燈泡	電球	LED燈	LED電球

24. 中国と異なる読みの漢字

漢　字	台湾の読み	中国の読み
漢字の発音そのものが異なる例		
微	wéi	wēi
淑	shú	shū
企	qì	qǐ
期	qí	qī
和	hé, hàn	hé
癌	yán, ái	ái
亞	yǎ	yà
液	yì	yè
息	xí	xī
質	zhí	zhì
暫	zàn	zhàn
跌	dié	diē
髮	fǎ	fà
寂	jí	jì
偽	wèi	wěi
突	tú	tū
誼	yí, yì	yì
危	wéi	wēi
煲	bào	bāo
惜	xí	xī
鞠	jú	jū
艘	sāo	sōu
夕	xì	xī
馴	xún	xùn
錫	xí	xī

漢　字	台湾の読み	中国の読み
単語中の漢字の読みが異なる例 (主として多音字の用法の差異)		
研究	yánjiù	yánjiū
部分	bùfèn	bùfēn
暈車	yūnchē	yùnchē
差不多	chābùduō	chàbuduō
血液	xiěyì, xuěyì	xuèyè
相親	xiàngqīn	xiāngqīn
法國	fàguó	fǎguó
熟悉	shóuxī	shúxī
盡管	jìnguǎn	jǐnguǎn
盡量	jìnliàng	jǐnliàng
寧願	níngyuàn	nìngyuàn
垃圾	lèsè	lājī
軽声の有無が異なる例 (実際には非常に多数あるのでほんの一例)		
東西	dōngxī	dōngxi
便宜	piányí	piányi
漂亮	piàoliàng	piàoliang
眼睛	yǎnjīng	yǎnjing
房間裡	fángjiānlǐ	fángjiānli
客人	kèrén	kèren
吃看看	chīkànkàn	chīkànkan
衣服	yīfú	yīfu
愛上過	àishàngguò	àishangguo
漂亮起來	piàoliàngqǐlái	piàoliangqilái
打招呼	dǎzhāohū	dǎzhāohu
休息	xiūxí	xiūxi

25. 中国と異なる語彙

日本語	台湾	中国
(PCの) メニュー	功能表	菜单
(食堂の) メニュー	menu	菜单，菜谱
15分	十五分鐘	一刻
PCがフリーズする	當機	死机
PTA	懇親會	家长会
おはよう	早安	早上好
おばあさん	阿嬤	奶奶
お持ち帰り	外帶	打包
かみそり	刮鬍刀	剃须刀
きゅうり	小黃瓜	黄瓜
こんにちは	午安	你好
こんばんは	晚安	晚上好
ごはん	白飯	米饭
しなければならない	應該	应该，应当
ちょっとすみません	不好意思	劳驾
どの	哪一個	哪个，哪一个
ねじ回し	起子	改锥，起子
のど	喉嚨	嗓子，喉咙
はさみ	剪刀	剪子
やくざ	黑道	黑社会
やけど	燙傷	火伤
アナログ	類比	模拟
インターネット	網際網路	互联网
インターネット	網路	网络

日本語	台湾	中国
オートバイ	機車	摩托车
オレンジ	柳丁	橙子
オレンジジュース	柳丁汁	橘子水
カーソル	游標	光标
カップラーメン	泡麵	方便面
カラーテレビ	彩視	彩电
ガス	瓦斯	煤气
ガスボンベ	瓦斯桶	钢瓶
キオスク	販賣部	小卖部
キャベツ	高麗菜	洋白菜，圆白菜
クーラー	冷氣	空调
サウナ	三溫暖	桑拿
サラダ	沙拉	色拉
シドニー	雪梨	悉尼
シャトルバス	接駁車	班车
ショー	秀	show
スパゲッティー	義大利麵	意大利面
スマートフォン	智慧型手機	智能手机
センチメートル	公分	厘米
タクシー	計程車	出租汽车
ダム	水壩	水库
チーズ	起司	奶酪
チンゲン菜	青江菜	小白菜
デジタルカメラ	數位相機	数码相机
トマト	番茄	西红柿，番茄
ドライヤー	吹風機	电吹风
ニュージーランド	紐西蘭	新西兰

日本語	台湾	中国
ネットカフェ	網咖	网吧
ノートパソコン	筆記型電腦	笔记本电脑
ハードディスク	硬碟	硬盘
バイクで暴走する	飆車	—
バスターミナル	客運總站	长途汽车站
パイナップル	鳳梨	菠萝
パンダ	貓熊	熊猫
ビリヤード	撞球	台球
ファーストフード	速食餐	快餐
ファイル	檔案	文件
フィルム	軟片	胶卷
フォルダー	資料夾	文件夹
ブレーキ	煞車	刹车
プラットホーム	月台	站台
プリンター	印表機	打印机
プログラム	程式	程序
ホテルのフロント	櫃檯	总台
ボールペン	原子筆	圆珠笔
ポテトチップス	洋芋片	薯片
マウス	滑鼠	鼠标
メートル	公尺	米
メモリー	記憶體	内存
メンツがつぶれる	丟臉	丟面子
ユニットバス	浴室，廁所	卫生间
ラオス	寮國	老挝
リストラ	重整	下岗
レーザー	雷射	激光

日本語	台湾	中国
レベル	水準	水平
愛人	愛人	情人
印刷する	列印	打印
右折する	右轉	往右拐
宇宙船	太空船	宇宙飞船
往復	來回	往返
横に長いイカ	花枝	墨鱼
課税する	課税	征税
海苔	海苔	紫菜
確率	機率	概率
給料	薪水	工资
驚く	驚訝	吃惊
曲	歌曲	曲子，歌曲
契約	合約	合同
建物	房子	屋子，房子
故郷	故郷	家乡，故乡
後輩	學弟，學妹	下年级同学
交換レート	匯率	牌价
光学ディスク	光碟	光盘
口げんかする	吵架	吵嘴，吵架
細長いイカ	小卷	乌贼
雑音、ノイズ	雑音	噪声
市バス	公車	公共汽车
時給	時薪	计时工资
自転車	腳踏車	自行车，单车
自由席	自由座	非对号
辞書、辞典	字典	词典

日本語	台湾	中国
若い女性	小姐	姑娘
趣味	興趣	爱好
集中看護室	加護病房	特护病房
従業員	員工	服务员
上昇する	提升	提高
職員	員工	工作人员
食べ放題	吃到飽	自助餐
水虫	香港腳	脚癣
炊飯器	炊飯鍋	电饭煲
先輩	學長	高年级同学
卓球	桌球	乒乓球
単語	單字	单词
担任の先生	導師	班主任
値切る	殺價	讨价，讲价
値段	價錢	价格
地下鉄	捷運	地铁
遅延	延誤	晚点
中国	大陸	中国
仲介業者	仲介	中介
超音波	超音波	超声波
長距離バス	客運	长途汽车
通してください	借過	借光
通り雨、夕立	西北雨	雷阵雨
定員	人數名額	定员
店員	員工	服务员
搭乗ゲート	登機門	登机口
搭乗券	登機證	登机牌

日本語	台湾	中国
踏み切り	平交道	铁路的道口
動画	影片	录像
日本円	日幣	日元
配偶者	配偶者	爱人
白ワイン	白酒	白葡萄酒
白酒	高粱酒	白酒
半角文字	半形字元	半角字符
繁華街	熱鬧區	繁华区
非常口	緊急出口	太平门
百貨店	百貨公司	百货商店
標準中国語	國語	普通话
弁当	便當	盒饭
歩道	步道	人行道
北朝鮮	北韓	北朝鲜
本場の	道地的	地道的
無料	免錢	免费
目薬	眼藥水	眼药
優先席	博愛座	爱心专座
幼稚園	幼稚園	幼儿园
離島	離島	附属岛屿
流し	流理台	洗碗池
薬局	藥局，藥房	药房，药店
了解しました	瞭解了。 Ryokai了。	明白了。
累積する	累積	积累

台湾と中国とで異なる語彙については、台湾と中国とで全く言い方が異なるもの、台湾では普通に用いられるが中国では滅多に用いられないもの、台湾ではこの言い方しかしないが中国ではどちらの言い方でも良いものなど、種々様々な事例がありますので注意してください。

カメラ屋の看板。上からデジタルカメラ、デジタルビデオ、フイルムカメラを表しています。中国ではそれぞれ数码相机、数码摄像机、胶卷照相机と書かれます。

26. 中国と異なる文法事項

　台湾國語は中国の普通话と文法面においてもかなりの違いがあります。

(1) 有の使い方
　台湾國語では、中国の普通话に比べて有が多用されます。中国人は有を多用するかどうかで中国南方の人か台湾人かを見分ける基準にしているぐらいです。

■ 特別な意味がなくとも、語調をそろえるために有を挿入することがあります。

台湾：博物館上午有開。
中国：博物馆上午开门。

■ 経験を表す肯定文でも原則として有を挿入します。

台湾：我有去過美國。
中国：我去过美国。

■ 過去のことについて、動詞の後ろに了を加えず、代わりに動詞の前に有を挿入して過去を表します。
　またこのような疑問文に答えるときに、還沒有と答えて動詞を省略することができます。

台湾：A：你有看那部電影嗎？　B：還沒有。または還沒看。
中国：A：你看了那部电影吗？　B：没看。

■ 状態を表すために、著を用いず有で表すことができます。強調する場合は著と有とが同時に現れることもあります。

台湾：你有帶護照嗎？（強調する場合は 你有帶著護照嗎？）
中国：你帶着护照没有？

■ 有〜没有？という構文はありません。必ず有没有〜？となります。ただし、問いただすような場面でたまたま没有が後続することはあります。この場合は前の有が消えることもあります。

台湾：你有沒有帶護照？（你有帶護照沒有？ は使われない）
中国：你帶着护照没有？

台湾：你（有）聽到了，沒有？（問いただしている）
中国：你听到了没有？

■「はい」を表す用法があります。例えば市バスに乗るときに、

台湾：A（乗客）：到火車站嗎？　B（運転手）：有。
中国：A（乗客）：到火车站吗？　B（運転手）：是。

(2) 了の使い方

　台湾人は全体的に了を使うことを余り好みません。台湾國語では、中国の普通话では了が使われるような構文でも了が省略されることが良くあります。また、語気助詞の了とアスペクト助詞の了との区別が曖昧で、さらに我々日本人をいつも悩ます〜了〜了構文も台湾國語には存在しません！

■ 一般的に言うと、以下の5つはほとんど同じ意味と考えてかまいません。

1. 我們唱了三十多首歌。
2. 我們唱三十多首歌了。
3. 我們有唱三十多首歌。
4. 我們有唱了三十多首歌。
5. 我們有唱三十多首歌了。

■ 何らかの文要素と呼応する了がしばしば省略されます。例えば、形容詞＋多了の構文の了が省略されたりします。

台湾：這次的比上次的好多。
中国：这次的比上次的好多了。

■ 目的語が短い場合、アスペクト助詞の了を文末に置くことが多いです。ただし、中国同様、動詞の直後に置くこともできますが、台湾國語では目的語が短い場合にこのような言い方を余り好みません。また、有を加えるほうが聞いていてしっくり来ます。

台湾：我吃飯了。あるいは 我有吃飯了。
中国：我吃了饭。

■ 目的語がある程度長い場合、アスペクト助詞の了は動詞の直後に置かれます。動詞の直後に置くのかそれとも文末に置くのかの判断は、主として語感によります。この場合、中国と同じ言い方となります。

台湾：他已經去了台東拜訪好久不見的朋友。
中国：他已经去了台东拜访好久不见的朋友。

■ 目的語が動詞の前に来る場合のアスペクト助詞の了は、多くの場合省略されます。

台湾：手機忘記帶。
中国：手机忘带了。

■ 語気助詞の了は文末に置かれます。従って中国と同じ言い方となります。

台湾：以前很少想念故鄉，但，最近常常懷念故鄉了。
中国：以前很少想念故乡，但，最近常常怀念故乡了。

■ アスペクト助詞の了と語気助詞の了とが同時に現れる構文は、台湾國語では一切使われません。

台湾：我們唱了三十多首歌。または 我們唱三十多首歌了。
中国：我们唱了三十多首歌了。

■ 少し前に完了した表現を表す〜過了を用いず、有で少し前の完了を表します。ただし、了を用いずに〜過という表現なら許容されます。これからの動作の場合は、主として先〜を用います。

台湾：Ａ：吃飯了嗎？　Ｂ：有吃啊。または 吃過啊。
中国：Ａ：吃饭了吗？　Ｂ：吃过了。

台湾：先吃飯以後，再喝茶吧。
中国：吃过饭，再喝茶吧。

(3) 離合詞の使い方

　中国でも最近は離合詞の使い方が若い世代を中心にだんだんと崩れてきていますが（例えば随你便を随便你と言うなど）、台湾ではそれがはるかに顕著です。高齢の外省人の中には離合詞を律儀に使う人もいますが、多くの台湾人は離合詞をあまり意識していません。

台湾：我們排隊一個鐘頭了。
中国：我们排了一个小时的队。

台湾：我去出差三天。
中国：我出了三天差。

台湾：她結婚兩次了。
中国：她结了两次婚。

台湾：我爸爸住院三個禮拜。
中国：我爸爸住了三个星期的院。

(4) 量詞の使い方

　台湾と中国とで量詞が異なる場合が多数あります。例えば、シャツや背広など上に着るものは中国では件、ズボンやスカートなど下に履くものは条と区別がありますが、台湾では着るものはすべて件と数えます。以下に主な量詞の対応表を示します。

日本語	台 湾	中 国
椅子	一張椅子	一把椅子
包丁	一支刀子	一把刀子
ズボン	一件褲子	一条裤子
スカート	一件裙子	一条裙子
犬	一隻狗	一条狗
家族	您家有幾個人？	您家有几口人？
ひも	一條繩子	一根绳子，一条绳子
電池	一個電池	一个电池，一节电池
豚	一隻豬	一口猪，一头猪
馬	一隻馬	一匹马，一头马
錠剤の薬	一顆藥	一粒药，一片药
医院	一家醫院	一所医院，一家医院
建物	一棟房子	一所屋子，一栋房子
缶ビール[*1]	一罐啤酒	一听啤酒
缶コーラ[*1]	一罐可樂	一听可乐
ビルディング	一棟大樓	一栋大楼，一座大楼
船	一艘(sāo)船	一只船，一艘(sōu)船
一本のタバコ	一根香菸	一只香烟
一箱のタバコ[*2]	一包香菸	一盒香烟
歌	一首歌曲	一支曲子，一首曲子
足	一隻腿	一条腿

*1 缶であっても一瓶～を使うことがあります。
*2 カートンの場合は中国と同じく一條～を用います。

(5) **受身形**

被で受身形を表します。中国のように叫、让、给などが使われることはありません。

台湾：腳踏車被大風吹倒了。
中国：自行车被（または叫，让，给）大风吹倒了。

(6) **使役形**

　使役形に使われる動詞は讓、叫、使、令などで、中国の普通話と変わりませんが用法に少し違いがあります。

　中国の普通話では使は主に感情を表す語句を従えますが、台湾國語にはそのような制限はありません。令も中国の普通話では感情を表す語句と組み合わせて使うことが多く、これは台湾國語でも同様ですが、台湾國語では令が感情と関係ない語句を従えることもあります。

　讓の方が叫よりも語気が穏やかであること、使と令は比較的文語調であり、一部の慣用表現を除いては主として書き言葉として使用される点は中国と同じです。

台湾：媽媽叫兒子去市場買菜。
中国：妈妈叫儿子去市场买菜。

台湾：請你先讓他過一下好嗎？
中国：请你先让他过一过好吗？

台湾：老闆使（または叫）員工加班到很晚。
中国：老板叫职员加班到很晚。

台湾：他的那一句話真的令人氣死了。
中国：他的那句话真令（または使）人气死了。

(7) **構　文**

台湾と中国とで異なる構文が使用されることがあります。

■ 給は動詞の前に置くことも後ろに置くこともできますが、中国の普通話では前置式が主流であるのに対して台湾の國語では後置式が主流です。

台湾：我打電話給他了。
中国：我给他打了电话。

■ 一部の介詞は動詞の前に置くことも後ろに置くこともできますが、中国の普通話では前置式が比較的好まれるのに対し、台湾の國語では後置式が比較的好まれます。そのため、文語調の格式ある文章の香りがして個人的には好きです。

台湾：寄往東京的包裹。
中国：往东京寄的包裹。

■ 台湾國語では、有沒有を用いた疑問文で中国の普通话のように有と沒有とを分離することはできません。

台湾：你有沒有行李？
中国：你有行李没有？（または　你有没有行李？）

■ 台湾國語では、不但…而且〜の構文はあまり好まれず、不僅…而且〜が専ら使われます。また、中国の普通話のように不僅の後に是が続くことを要求されません。

台湾：不僅阿明，而且阿玉也來了。
中国：不但小李，而且小潘也来了。
（李明さんと潘玉さんとが来た場合）

■ 台湾國語では、盡管…但是～の構文は余り好まれず、多くの場合、雖然…但是～で代用します。また、あえて盡管…但是～を使う場合は、盡管は jìnguǎn と発音し、中国の jǐnguǎn とは異なる声調となります。

台湾：雖然你對我不好，但是我沒能離開你。
中国：尽管你对我不好，我还是没能离开你。

■ 究竟 jiùjìng（中国では究竟 jiūjìng）はあまり使われず、多くの場合到底を用います。

■ 寧可…也要～という構文は書面語でごくたまに使われるだけであり、通常は寧願…也要～が用いられます。また、中国の普通话では宁可の代わりに宁肯を用いることもできますが、台湾國語には寧肯という言葉は存在しません。また、寧の字は níng と発音され、中国の普通话の nìng とは異なる声調となります。

台湾：寧願吃虧，也要堅持自己的原則。
中国：宁可（宁肯）吃亏，也要坚持自己的原则。

■ 中国の普通话にある要么…要么～という構文は台湾國語では使われません。

台湾：今天去，還是明天去？
中国：要么今天去，要么明天去？

(8) 様態補語

様態補語は中国語で非常に良く使われる文型の一つです。肯定文については台湾と中国で余り違いはありません。否定文と疑問文とでは若干の違いが見られます。

■ 厳密には可能補語に分類されますが、実際上、様態補語と同様の意味を持つ例もここで併せて議論することにします。例えば、

1. 他跑得快。
2. 他跑得很快。

とではほとんど意味は変わりません。しいて言うならば、2.の「很」は形式的なものではなく本当に「とても」の意を含む場合もありうることぐらいです。

　しかし、これらを否定文にすると文法的違いが明らかになります。否定文にすると、

3. 他跑不快。
4. 他跑得不快。
5. 他跑得很不快。

の 3 種類になりえます。3. は 1. の否定、4. は 2. の很が形式的であった場合の否定、5. は 2. の很が実際的な意味を持っていた場合の否定となります。

　この場合、3. では元の得が消えてなくなっています。すなわち、1. は様態補語ではなく、可能補語であることがわかります。一方、4. 5. では否定文にしても得が保存されています。すなわち、2. は様態補語であることが分かります。しかし、ここではこのような例も含めて議論することとします。

■ 上記の例で、否定文は一般的に以下の文型が用いられます。

他跑不快。
他跑得不快。
他跑得不是很快。
他跑步不快。
他跑步跑不快。
他跑步跑得不快。
他跑步跑得不是很快。

■ 台湾國語では離合詞の分割を嫌うため、中国の普通话とは異なる否定表現になることがあります。

台湾：他跑步不快。
中国：他跑不快步。

■ 疑問文については、嗎または補語部分を用いた反復疑問文を用います。この点では中国の普通话と同じです。しかし、動詞の部分まで含めた反復疑問文は一切使われません。

台湾：他跑得快嗎？　または　他跑得快不快？
中国：他跑得快吗？　または　他跑得快不快？

台湾：他跑得快不快？
中国：他跑得快跑不快？

(9) **結果補語**

結果補語は基本的には中国の普通话と同じです。ただし若干の違いはありえます。

台湾：你有沒有縫完衣服？
中国：你把衣服缝完了没有？

台湾：這麼多字我肯定寫不完。
中国：这么多字我肯定写不了。

(10) 方向補語

　方向補語の多くは中国の普通话と同様ですが、一部異なる場合があります。

台湾：天越來越黑。
中国：天黒下来了。

■ なお、目的語が方向補語の間に割って入る構文は台湾國語では一切使われません。

台湾：李先生從會議室走出來了。
中国：李先生走出会议室来了。

(11) 可能補語

　可能補語の場合、得を付けた上で方向補語的に來などを付ける言い方が好まれます。さらに、能を付加することも良くあります。能を付加しても意味は特に変わりません。
　例えば、中国では以下の6通りの言い方はすべて普通に使われますが、台湾では最初の2つが好まれる言い方です。

〈よく使われる言い方〉
你看得出來我是學生嗎？
你能看得出來我是學生嗎？

〈余り使われない言い方〉
你看出我是學生嗎？
你看出來我是學生嗎？
你能看出我是學生嗎？
你能看出來我是學生嗎？

■ 上記のような方向補語的要素を含んだ可能補語を除けば、台湾國語では可能補語はほとんど使われません。

台湾：那家還不算大公司啦。
中国：那家还算不上大公司了。

台湾：明天你能來嗎？
中国：明天你来得了吗？

台湾：Ａ：河豚可以吃嗎？　Ｂ：不行啦！有強毒，不能吃！
中国：Ａ：河豚鱼吃得吗？　Ｂ：不行！有强毒，吃不得！

(12) 反復疑問文

　台湾國語と中国の普通话とでは、反復疑問文の文型に違いが見られます。台湾國語での言い方は中国の普通话でも使われますが、その逆は成り立たない例が多く見られます。

■ 台湾國語では有〜沒有の構文は使われず、必ず有沒有〜となります。

台湾：你有沒有零錢？
中国：你有零钱没有？

■ 完了を表すアスペクトでも、有～沒有の構文は使われずに有沒有～となります。

台湾：你有沒有寫完作業？
中国：你写好了作业没有？

■ 過去の経験を表す場合でも同様です。

台湾：你有沒有來過這裡？
中国：你来过这里没有？

■ 台湾國語では、動詞＋沒＋動詞の形の反復疑問文は一切使われません。

台湾：兒子有沒有去學校？
中国：儿子去没去学校？

台湾：你有沒有來過這裡？
中国：你来过没来过这里？

■ 台湾國語では、把＋沒＋把の形の反復疑問文も一切使われません。

台湾：你有沒有把衣服縫完？
中国：你把没把衣服缝完？

■ 台湾國語では、補語を伴う反復疑問文において補語の部分を反復形にします。動詞を含めて反復形にすることはできませ

ん。

台湾：他跑得快不快？
中国：他跑得快跑不快？

台湾：明天你能來嗎？
中国：明天你来得了来不了？

⒀ 重ね型の使い方

■ ちょっと…するという場合、台湾國語では動詞の重ね型を用いず、動詞の後ろに一下を付加することによって表すのが普通です。中国ではどちらの言い方も可能です。

台湾：我們休息一下吧。
中国：我们休息休息吧。または 我们休息一下吧。

台湾：你等一下喔。
中国：你等等。または 你等一下啊。

■ ちょっと…してみるという場合に、動詞＋看看を用います。ただし、動詞の重ね型＋看も用いられます。中国では動詞の重ね型＋看が比較的好まれますが、台湾では動詞＋看看をよく使う傾向にあります。

台湾：吃看看吧。または 吃吃看吧。
中国：吃吃看吧。または 吃看看吧。または 吃着看看吧。

ただし、試試看と試看看とでは前者のほうが一般的です。しかし、後者を用いても間違いではありません。

■ 台湾國語では、中国の普通话と異なり、軽い気持ちでする動作を表すために動詞の重ね型は余り使われません。むしろ、目的語を重ねて表現するのが普通です。語調としては極めて口語的になります。また、自動詞の場合は目的語がありませんので、一下を付加して表現します。これは他動詞の場合にも応用されることがあります。

台湾：洗澡澡。または 洗澡一下。
中国：洗洗澡。

台湾：我們休息一下吧。
中国：我们休息休息吧。

台湾：梳頭一下。
中国：梳梳头。

■ 名詞の重ね型は、子供に対して話す場合に良く使われます。かわいい感じを出すことができます。

台湾：你比較喜歡狗狗還是貓貓？
中国：你更喜欢狗儿还是猫儿呢？

■ 名詞の重ね型では、声調変化が起こりえます。1声と4声の場合は声調変化はありませんが、2声および3声の場合は3声＋2声に変化します。また、先行動詞が3声であれば通常のルール通り、先行動詞の声調が2声に変化します。従って、2声の名詞を重ね型にする場合、中国の普通话とは声調変化のルールが異なります。

1声：看書書。 kàn shūshū.
2声：刷牙牙。 shuā yǎyá.（中国では shuā yáya.）
3声：喝水水。 hē shuǐshuí.
4声：吃藥藥。 chī yàoyào.

2声：洗頭頭。 xǐ tǒutóu.（実際の発音は xí tǒutóu. となる。中国では、xǐ tóutou.）
3声：養狗狗。 yǎng gǒugóu.（実際の発音は yáng gǒugóu.）

■ 形容詞の重ね型の非軽声化

形容詞の重ね型については中国の普通话とほぼ同様ですが、第二音節が軽声化することはありません。3声の形容詞の重ね型が3声＋1声に変調するのは中国と同じです。

台湾：乾乾淨淨。 gāngānjìngjìng.
中国：干干净净。 gānganjìngjìng.

台湾：好好唸書。 hǎohāo niàn shū.
中国：好好读书。 hǎohāo dú shū.

⒁ 語尾

■ 名詞の語尾はr化を起こしません。代わりに一部の名詞（特に単漢字の名詞）には語尾として子が付きます。

台湾：我們一起去吃麵條吧。
中国：我们一块儿去吃面条儿吧。

台湾：買車子。
中国：买车儿。

■ 文の切れ目ごとに呢を挿入して話すのは、台湾人にとっては聞いていてあまり良い感じがしないようです。

台湾：日本人去海外旅行時，都會由於習慣的差別而驚訝喔。
中国：日本人呢，去海外旅游呢，因为习惯的差别都会吃惊呢。

■ 直前の単語の末尾の音韻により啊が呀、哇、哪などに変化することはありません。

台湾：那位是誰啊？
中国：那位是谁呀？

台湾：有啊！
中国：有哇！

台湾：你不是神啊！
中国：你不是神哪！

■ 台湾國語でよく使われる語尾には以下のようなものがあります。

唷（喲とも書く）：日本語の「～よ」に似た感じ。
喔：何にでも使える便利な語尾。台湾人は非常によく使う。
啦：自分の気持ちを強調するときによく使う。
呀：強調したり、相手にやや反語的な感じを表す。
耶：ちょっと得意気に「～なんだよー」という感じ。
內：くだけた会話中で何にでも使える万能語尾。発音は ne。

囉：使われる頻度は少ないが、相手の注意を喚起する語尾。
咧：疑問を表す語尾。元々は台語起源。

(15) その他

■ 台湾國語ではr化、軽声化を極端に嫌います。そのため、中国の普通話では軽声化するかどうかで意味が異なる単語も、台湾國語では文脈で判断することになります。

台湾：去買東西（dōngxī）。
中国：去买东西（dōngxi）。

台湾：是東西（dōngxī）方向嗎？
中国：是东西（dōngxī）方向吗？

■ 中国の普通話のように、好容易が好不容易の意味になることはありません。

■ 台湾國語では、一會兒は滅多に使われず、主として一下が使われます。これはおそらく、台湾國語では語尾の〜兒を非常に嫌う性質から来ているものと考えられます。

台湾：我們休息一下吧。
中国：我们休息一会儿吧。

■ 後で〜すると言う場合は、等一下を使います。

台湾：等一下再說。
中国：过一会儿再说。または 回头再说。

■ 〜しなければならないという意味の得は、書面語を除き使われません。

台湾：我要回家了。または 我必須回家了。
中国：我得回家了。

■ 台湾國語では中国の普通话とは異なり、単音節形容詞の比較形の際に為を用いることはできません。

台湾：你一個人出去的時候，還是小心比較好。
中国：你一个人出去的时候，还是小心为好。

■ 百以上の位の2は常に兩を使います。中国では百以上の先頭の位のみ兩を用います（ただしこのルールは中国では崩れつつあります）。位の数を省略したときに兩を用いるのは中国と同じです。

台湾：兩萬兩千兩百二十二。
中国：两万二千二百二十二。

台湾：兩百塊錢。
中国：二百块钱。（ただし、两百を用いる人もいる）

台湾：兩萬二。
中国：两万二。

■ 数字を棒読みするときに、1を中国のようにyāoと読むことはありません。そのままyīと読みます。

■ おおよそ10を超える数に対して幾を使ってもかまいません。

台湾：從東京到大阪有幾公里？
中国：从东京到大阪有多少公里呢？

台湾：阿嬤，您今年幾歲了？
中国：老太太，您今年多大年纪了呢？

■ 感嘆を表す多麼は台湾國語では使われません。

台湾：真的方便！
中国：多么方便！

(A面) 日本國稅關
海關樣式C第5360-E號

攜帶品・另外寄送的物品 申告書

請填寫下列與背面表格、並提交海關人員。
家族同時過關時只需要由代表者填寫一份申告書。

＊選擇「是」者、請把入國時攜帶入境的物品記載於B面、並向海關提出此申告書2份、由海關確認。(限入國後六個月內之輸入物品)
另外寄送的物品通關時、需要海關確認過的申告書。

《注意事項》
在國外購買的物品、受人託帶的物品等、要帶進我國時、依據法令、須向海關申告且接受必要檢查、敬請合作。
另外、漏申告者或是虛偽申告等行爲、可能受到處罰、敬請多加留意。

茲聲明以上申告均屬正確無誤。

旅客簽名

(A面) 日本海关
海关格式C第5360-D号

携带品 分离运输行李 申报单

请在下边及背面填写后, 向海关职员提交。
如跟家属一起接受检查, 只需填写一张申报单。

＊选择「是」的, 请在B面的清单里填写入境时携带的物品, 向海关提交两张申报单, 接受海关检查验证。（限于入境以后六个月以内寄的包裹）
因办理进口分离运输行李的手续时凭此确认免税范围。

《注意事项》
根据法令, 把在境外购买的物品或者别人委托携带的物品等携带入境或者寄到日本的旅客, 必须向海关申报上面的物品, 需要接受海关检查。因为不申报或者虚伪申报等的违反规定的行为, 海关将根据法律进行处罚。请注意。

我向海关保证, 这张海关申报单与事实完全符合。

申请人签名

日本の税関申告書の繁体中文版と簡体中文版との比較。台湾と中国とで好まれる構文が異なることが良く分かります。

27. 日本語からの外来語

aikyō	愛嬌	hōsu	ホース
aisatsu	挨拶	ichiban	一番
arumi	アルミ	ippai	いっぱい
assari	あっさり	joutou	上等
āsu	アース	kaban	カバン
baikin	ばい菌	kamera	カメラ
bakku	バック	kanpan	看板
betto	ベッド	kappu	コップ
biiru	ビール	katarogu	カタログ
buraja	ブラジャー	kāten	カーテン
chakku	チャック	kawaii	可愛い
daijoubu	大丈夫	kimochi	気持ち
doraibā	ドライバー	kimono	着物
ebi	海老	konbu	昆布
enjin	エンジン	konkuri	コンクリート
furo 間	風呂	kurīmu	クリーム
gasu	ガス	kyuukei	休憩
gobou	牛蒡	kusshon	クッション
handoru	ハンドル	maiku	マイク
hinoki	檜	meron	メロン
meishi	名刺	remon	レモン
mishin	ミシン	sābisu	サービス
miso	味噌	sabun	シャボン
misoshiru	味噌汁	sake	酒
nekutai	ネクタイ	sebiro	背広

nesan	お姉さん	shatsu	シャツ
ninjin	にんじん	shiage	仕上げ
nisan	お兄さん	shōto	ショート
nori	海苔	suito	水筒
obasan	おばさん	surippa	スリッパ
oishii	おいしい	tabako	タバコ
ojisan	おじさん	tairu	タイル
omiyage	お土産	tako	蛸
oningyou	お人形	takuan	たくあん
otobai	オートバイ	tansu	箪笥
pachinko	パチンコ	tatami	畳
pang	パン	tomato	トマト
penchi	ペンチ	torakku	トラック
ponkan	ポンカン	unchan	運ちゃん
ponpu	ポンプ	utsu	鬱
rajio	ラジオ	yobi	予備

　日本語からの外来語は、若い世代の人たちにはだんだん通じなくなってきています。

28. 注音字母

　台湾では、清朝の時代に制定された注音字母が発音記号として用いられています。台湾の小学生たちは、まずこの注音記号を覚えることから学習を始めます。

　以下に、注音記号と中国のピンインとの対応表を示します。

〈子音字〉

ㄅ	ㄆ	ㄇ	ㄈ	ㄉ	ㄊ	ㄋ
b	p	m	f	d	t	n
ㄌ	ㄍ	ㄎ	ㄏ	ㄐ	ㄑ	ㄒ
l	g	k	h	j	q	x
ㄓ	ㄔ	ㄕ	ㄖ	ㄗ	ㄘ	ㄙ
zh	ch	sh	r	z	c	s

〈母音字〉

ㄚ	ㄞ	ㄠ	ㄢ	ㄤ	ㄜ	ㄟ	ㄣ
a	ai	ao	an	ang	e	ei	en
ㄥ	ㄛ	ㄡ	ㄧ	ㄨ	ㄩ	ㄝ	ㄦ
eng	o	ou	i	u	ü	ê	r

〈二重母音字〉

ーㄚ	ーㄠ	ーㄢ	ーㄤ	ーㄝ	ーㄡ	ーㄣ	ーㄥ
ia	iao	ian	iang	ie	iu	in	ing
ㄨㄚ	ㄨㄞ	ㄨㄢ	ㄨㄤ	ㄨㄛ	ㄨㄟ	ㄨㄣ	ㄨㄥ
ua	uai	uan	uang	uo	ui	un	ong
ㄩㄢ	ㄩㄝ	ㄩㄣ	ㄩㄥ				
uan	ue	un	iong				

〈声　調〉

第1声	第2声	第3声	第4声	軽声
無記号	／	∨	＼	・

　注音記号は本来縦書きですが、本書では敢えて横書きで表すことにします。いくつかの漢字の発音をピンインと注音記号とで表記したものを下に示します。軽声記号だけは子音字の前に付けます。

發	ㄈㄚ	fā	是	ㄕ＼	shì
特	ㄊㄜ＼	tè	碰	ㄆㄥ＼	pèng
對	ㄉㄨㄟ＼	duì	前	ㄑーㄢ／	qián
送	ㄙㄨㄥ＼	sòng	艇	ㄊーㄥ∨	tǐng
全	ㄑㄩㄢ／	quán	窮	ㄑㄩㄥ／	qióng
嗎	・ㄇㄚ	ma	匙	・ㄕ	shi

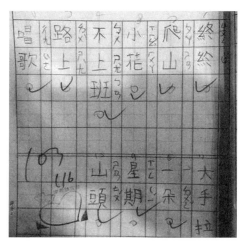

台湾の小学生は注音字母で漢字の発音を学びます。

29. 注音入力法

　この章では、注音入力法ならびにピンインによる繁体字の入力方法について説明します。

　Windows7を例に取って説明しますが、他のバージョンでもほぼ同様ですので適宜読み替えてください。

　まず、コントロールパネルの「キーボードまたは入力方法の変更」の項目をクリックします。

「キーボードと言語」タブの「キーボードの変更」をクリックします。

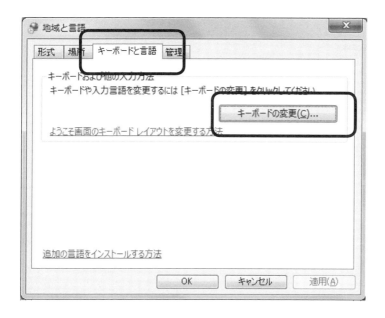

「全般」タブの「追加」をクリックします。

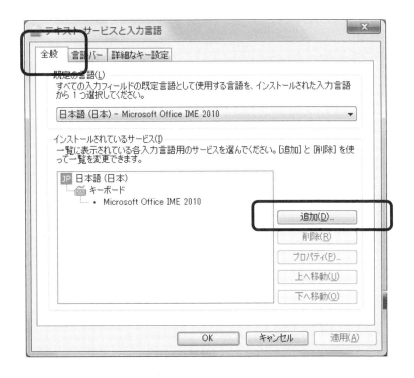

「中国語(繁体字、台湾)」の項を開き、サブメニューから「New Phonetic」を選んで OK ボタンを押します。

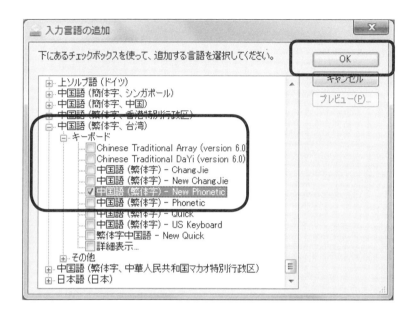

「中国語（繁体字、台湾）」が一覧に追加されます。

この後、OK ボタンを押すと IME ツールバーの左側に「JP」の文字が出現します。
〈追加前〉

〈追加後〉

「JP」をクリックすると、入力言語がドロップダウンリストして表示されます。最初は日本語になっています。

中国語(繁体字、台湾)を選択すると、IMEのデザインが変わります。

もしもアルファベット入力になっている場合は、Shiftキー(場合によっては右Shiftキーでなければならないこともある)を押すことにより、中国語入力とアルファベット入力とを相互に切り替えることができます。

　あとは、キーボードから注音字母を入力していきます。声調記号も必ず入力します。初めは声調記号を入力するのは煩わしく感じますが、入力するたびに漢字の声調を確認できますので勉強だと思えばさほど苦痛にはなりません。

スペースキーを押すと、第一候補の漢字が表示されます。

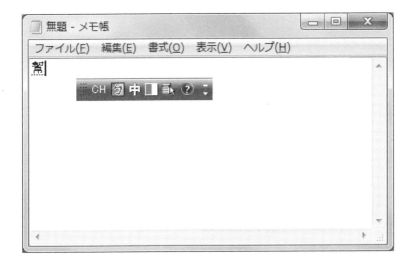

「↓」キーを押すことにより、他の候補の漢字も一覧表示されますので、単漢字を入力するときは、適宜所望の漢字を選択して Enter キーを押します。

図のように、点線のアンダーラインが出ている状態では漢字は未確定です。そこで単漢字で確定せず、そのまま注音入力を続けていくと単語になるように自動的に漢字が絞られていきます。所望の単語が得られれば、Enter キーで確定します。

注音記号のキーボード配列を初めて覚えるのは大変です。そのような場合は、ソフトウェアキーボードを利用することもできます。「Tool Menu」から、

Tool Menu

「Software Keyboard」を選択すると、

　注音字母のキーボード配列が表示されます。声調の第2声が「6」のキーに割り当てられていますので注意してください。

　注音入力に慣れていない方は、中国の拼音と同じ方式でも入力することができます。「Tool Menu」の「Properties」をクリックします。

「Keyboard」タブの「standard」ドロップダウンリストを開きます。

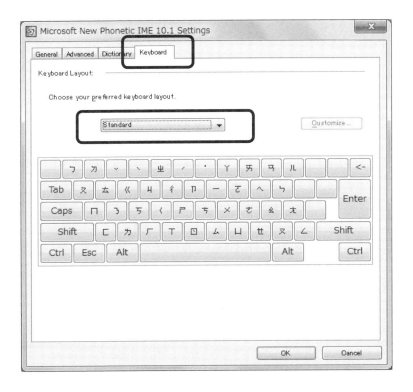

ここから、「Han Yu Pin yin」を選択します。

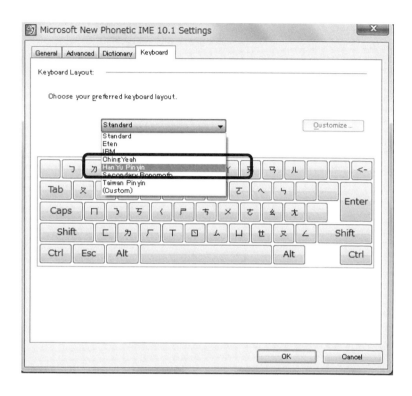

中国と同じ拼音入力に変わりますので、OKを押します。

以後、繁体字をピンインで入力することができるようになります。声調記号は省略可能です。

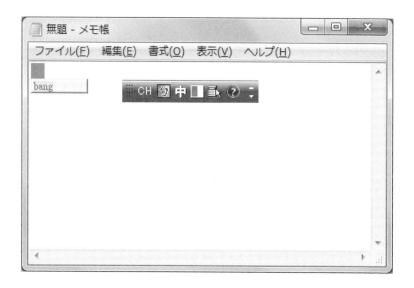

30. 簡単な台語

　本書では、台湾における國語について紹介してきましたが、実際の台湾では台語を始めとするいろいろな言語が話されています。
まず、先住民族の言語が13あります。また、中国語の方言の一種である台語あるいは客家語を話す人々もいます。

　台語はオランダ統治時代に対岸の福建省から台湾に密航してきた人々が話していた閩南語がその起源ですが、400年の歳月の影響、ならびに日本統治時代の日本語の影響を受けて、台湾独自の台語へと変貌を遂げました。

　この章では、簡単な台語をご紹介したいと思います。台語の発音は國語よりもはるかに複雑で、声調も全部で7声調あり、さらに複雑な連読変調を起こしますので、ここでは全部を説明することはできません。また、台湾北部と台湾中南部とで発音が異なります。ですので、台語についてはカタカナでなるべく似た音を表記するにとどめます。

　なお、台語の代わりに河洛話と呼ぶ人もいます。客家人に多いようです。

リホーボ 你好無？	こんにちは。
ゴアチンホー　アリーレ 我真好，抑你咧？	こんにちは。あなたはどうですか。
ガウツァー 敖早。	おはよう。

<ruby>歹勢<rt>パイセー</rt></ruby>。	すみません。
<ruby>無關係<rt>ボクァンヘー</rt></ruby>。	だいじょうぶです。
<ruby>多謝<rt>トーシャー</rt></ruby>。	ありがとう。
<ruby>感謝你<rt>カムシャーリー</rt></ruby>。	ありがとう。
<ruby>此的若多錢<rt>チレゴアツェッチン</rt></ruby>？	これはいくらですか。
<ruby>此滿幾點<rt>チマクィディアム</rt></ruby>？	今何時ですか。
<ruby>再見<rt>ツァイキィェン</rt></ruby>。	さようなら。
<ruby>你會曉講台語無<rt>リエヒィァウコンタイイーボ</rt></ruby>？	あなたは台湾語が話せますか。
<ruby>我沒曉講台語<rt>ゴアベイヒィァウコンタイイー</rt></ruby>。	私は台湾語は話せません。
<ruby>聽嚨無<rt>ティアロンボ</rt></ruby>？	分かりません。
<ruby>聽有<rt>ティアウー</rt></ruby>。	分かります。
<ruby>你是不是台灣人<rt>リシムシタイオァンラン</rt></ruby>？	あなたは台湾人ですか。
<ruby>不是<rt>ムシ</rt></ruby>，<ruby>我是日本人<rt>ゴアシリップンラン</rt></ruby>。	いいえ、私は日本人です。
<ruby>借問<rt>チュムン</rt></ruby>，<ruby>你對日本何位來<rt>リトゥイリップントゥイライ</rt></ruby>？	ちょっとお聞きしますが、日本のどちらからいらっしゃいましたか。
<ruby>我是對東京來的<rt>ゴアシートゥイタンキャーライエ</rt></ruby>。	東京から来ました。
<ruby>你食飯沒<rt>リーチャッペンボェ</rt></ruby>？	もう食事はされましたか。
<ruby>你有佮意飲茶無<rt>リーウーカイーリムテーボ</rt></ruby>？	お茶はお好きですか。
<ruby>我想耍去日本讀書<rt>ゴアシゥベーキーリップンタクツェ</rt></ruby>。	日本に勉強に行きたいです。
<ruby>我也此禮拜耍去日本迌迌<rt>ゴアマーチッレッパイベキーリップンチットオー</rt></ruby>。	私も来週日本に遊びに行きます。

おわりに

まず、以下の写真をご覧ください。台湾の小学校一年生の算数の授業プリントです。

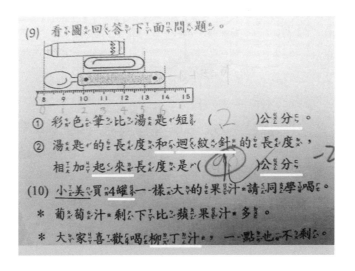

本書をお読みになられた方は、アンダーラインの部分の意味はお分かりになると思います。台湾國語が中国の普通话と異なっている部分です。漢字にはすべて縦書きの注音記号が書かれています。公分は中国では古い言い方であり、現在では厘米を使いますが、台湾では公分が普通に使われています。クリップは迴紋針であり、中国の回形針とは異なる言い方をします。And の意を表す和の字の注音はㄏㄢˋと表記されており、hé ではなく hàn という発音であることが分かります。相加起來の起の字も來の字も声調記号が付けられており、軽声で読んではいけないことを示しています。缶ジュースの量詞は罐であり、

听ではありません。そして、オレンジジュースは柳丁汁であり、橘子水ではありません。小学校一年生の、それも国語ではなく算数の授業教材ですら、台湾と中国とでこんなに異なっているのです。いわんや、一般社会で話されている言葉がどれくらい両者間で異なっているかは想像に難くないでしょう。

　台湾の國語と中国の普通话はともに中国語北方方言を基礎としており、多少の差異はあるはずであるが文字と発音以外については、その差異がどの程度であるのかははっきりしませんでした。今回台湾國語の入門書を著してみて、語彙ならびに文法についても中国の普通话と大きな違いがあることが分かり、我ながら改めて驚いている次第です。

　台湾國語については賴淑靖さん、溫倩倩さん、林明煌さん、林志宗さん、林玉淳さん、賴瑩霖さん始め多くの台湾の友人の方々にお世話になりました。また中国の普通话については朝日大学の王嘉伟さん、杨妮菲さん、陈阳さん始め多くの中国からの留学生に助けていただきました。ここに心よりお礼申し上げます。

　最後に、遅々として進まない原稿を忍耐強くお待ちくださり、本書の編集、出版作業をしてくださいました開成出版のスタッフの皆様にも心よりお礼申しあげて、筆を置きたいと思います。ありがとうございました。

著者略歴

佐納　康治（さのう　やすはる）

1963 年	和歌山県に生まれる
1986 年	京都大学理学部卒業
1993 年	京都大学大学院理学研究科博士課程修了
1993 年	学校法人朝日大学経営学部情報管理学科（現：経営情報学科）講師
2008 年	学校法人朝日大学経営学部情報管理学科（現：経営情報学科）准教授
	現在に至る
専門	地球電磁気学、科学史
著書	『長谷川万吉と地球電磁気学』（開成出版、2002 年）
	『あなたをアシスト日英韓中台5ヶ国語　コンピュータ用語集』
	（開成出版、2005 年）
	『Linux GUI プログラミング入門』（開成出版、2011 年）など

台湾中国語入門　―カンタン楽しく覚える台灣國語―

- ■ 発　行　　2015 年 3 月 31 日　第 1 版第 1 刷
- ■ 著　者　　佐納康治
- ■ 発行者　　早川偉久
- ■ 発行所　　開成出版株式会社
  〒 101-0052
  東京都千代田区神田小川町 3 丁目 26 番 14 号
  Tel.03-5217-0155　Fax.03-5217-0156
- ■ 印　刷　　倉敷印刷
- ■ 製　本　　倉敷印刷

Ⓒ 2015　SANO Yasuharu
ISBN978-4-87603-493-2　C3087